Hans Achelis

Das Symbol des Fisches und die Fischdenkmäler der römischen Katokomben

Hans Achelis

Das Symbol des Fisches und die Fischdenkmäler der römischen Katokomben

ISBN/EAN: 9783743432635

Hergestellt in Europa, USA, Kanada, Australien, Japan

Cover: Foto ©Thomas Meinert / pixelio.de

Weitere Bücher finden Sie auf **www.hansebooks.com**

Das Symbol des Fisches
und die
Fischdenkmäler der römischen Katakomben.

INAUGURAL-DISSERTATION

zur

Erlangung der Doctorwürde

bei der

hohen philosophischen Facultät der Universität Marburg

eingereicht von

Hans Achelis
aus Hastedt (Bremen).

Motto: 2. Macc. 15, 39.

Marburg.
Universitäts-Buchdruckerei (R. Friedrich).
1887.

Meinen Eltern gewidmet.

Einleitung.

Es ist bekannt, dass der Fisch eins der beliebtesten Bilder der römischen Katakomben ist. Einige siebzigmal erscheint er dort, allein oder in Verbindung mit andern Bildern in die Grabsteine geritzt, nicht selten auch auf Gemälden, welche ein Mahl oder ähnliches darstellen. Es ist ferner bekannt, dass eine Reihe der gleichzeitigen kirchlichen Schriftsteller eben in dem Fisch ein geheimnisvolles Zeichen für Christus sehen, teils durch die akrostichische Spielerei mit dem Werke ἰχθύς veranlasst, indem sie dort die Anfangsbuchstaben der Worte Ἰησοῦς Χριστὸς θεοῦ υἱὸς σωτήρ wiederfinden, teils vielleicht aus andern Gründen. Bei diesem Zusammentreffen liegt es nahe, die beiden Erscheinungen auf dieselbe Wurzel zurückzuführen: auf eine in der alten Kirche gebräuchliche Fischsymbolik, von der wir so zugleich durch literarische wie durch monumentale Zeugnisse unterrichtet wären. Sollte sich diese Vermutung bestätigen, so scheint diese Sachlage eine reiche Ausbeute für die Katakombenforschung zu versprechen. Aus den Worten der Kirchenväter könnten wir vielleicht die Entstehung und die weitere Geschichte der Symbolik ermitteln, und so zu einer festen Position gelangen, von wo aus wir diese Klasse der Katakombendenkmäler sicher zu beurteilen imstande wären. Es eröffnet sich sogar eine Perspektive über die Fischdenkmäler hinaus auf die gesammte Katakombenkunst. Wenn wir bei einer Reihe von Bildern die Sujets und das Verfahren der Künstler mit Sicherheit konstatieren können, so werden wir auch die übrigen Darstellungen leichter zu beurteilen vermögen; und so würde von dem Fisch aus ein Licht auf den ganzen altchristlichen Bilderkreis fallen. Freilich ist es auch möglich, dass beide Erscheinungen garnicht zusammengehören, dass die Fischsymbolik der Väter den Arbeitern der Katakomben durchaus fremd blieb. Aber die Wahrscheinlichkeit scheint dagegen zu sprechen, und die Aussicht auf die etwaige Bestätigung erscheint zu lockend, als dass man diesem Fingerzeig nicht weiter nachzugehen versucht wäre.

Seit dem Anfang der Katakombenforschung hat man diese Möglichkeit der Zusammengehörigkeit als Thatsache hingenommen, und daher alle, oder doch die grosse Mehrzahl der Fischdenkmäler als symbolisch beurteilt. Schon Aringhi bemüht sich daher, die betreffenden Stellen aus der altkirchlichen Literatur zusammenzutragen, und bis auf die neuste Zeit ist diese Arbeit beibehalten und vermehrt worden. Trotzdem darf man vielleicht sagen, dass der Weg, der hier allein zum Ziele führen kann: eine methodische Untersuchung, bis jetzt noch nicht eingeschlagen wurde. Man hat die K.-V.V. ausgeschrieben, die einzelnen Stellen den einzelnen Monumenten, wozu sie zu passen schienen, gegenübergestellt, und nach diesen Worten, wie nach einem obersten Princip, die Bilder zu erklären unternommen. Indess das Material zu einer solchen Untersuchung scheint vollständig gesammelt zu sein. Denn das Fischsymbol ist, wenn auch nicht bei den Katakombenkünstlern, so doch bei den Katakombenforschern, das beliebteste christliche Symbol gewesen, um dessen Erforschung man sich seit drei Jahrhunderten in den zusammenfassenden Werken und sogar in Monographieen besonders bemüht hat. Aus neuerer Zeit aber liegt eine Arbeit vor, welcher dieses Verdienst in hervorragender Weise zuerkannt werden muss. Im dritten Bande des Spicilegium Solesmense 1855 hat der französische Benedictiner und spätere Cardinal J. B. Pitra S. 499—543 einen Aufsatz: »*IXΘYΣ* sive De pisce allegorico et symbolico« veröffentlicht, wo er u. A. alle ihm bekannten Stellen der K.-V.V., in denen ein Fisch irgendwie allegorisch oder symbolisch aufgefasst wird, zusammenstellt. Diesem Aufsatz ist angehängt eine Arbeit von Giovanni Battista de Rossi, dem berühmtesten christlichen Archäologen der Gegenwart: »De christianis monumentis *IXΘYN* exhibentibus«, worin er alle hierhin gehörigen Monumente, auch die damals noch nicht publizierten, einer eingehenden Besprechung unterzieht, und am Schluss einen besonders schätzenswerten »Index inscriptionum, quae ἰχϑύος signo notatae sunt« folgen lässt.[1] — Es ist mir leider nicht möglich, zu sagen, wieviel von den hier ausgesprochenen Resultaten eigenes Verdienst der Verfasser ist, und wieviel sie etwa aus den Arbeiten ihrer Vorgänger übernahmen; denn die ältere Literatur über den Fisch war mir mit wenigen Ausnahmen nicht erreichbar. Seitdem aber diese Doppelarbeit erschien, hat der Fisch eine auch nur annähernd so eingehende Besprechung nicht wieder gefunden. Die Resultate Pitra's und de Rossi's sind allgemein rezipiert worden, und in alle neueren Katakombenwerke übergegangen; nur in wenigen Punkten haben deutsche Forscher der Gegenwart diese Tradition zu durchbrechen versucht. Wie wir uns zu diesen Resultaten zu stellen haben, wird unsre Untersuchung ergeben; aber das darf man von vornherein sagen, dass als Materialsammlungen die Arbeiten Pitra's und de Rossi's unschätzbar sind für jeden, der sich mit dem Fischsymbol beschäftigen will. So werde auch ich in dieser Arbeit das dort gesammelte Material zugrunde legen.

Nach dem oben dargelegten Thatbestand zerlegt sich meine Arbeit von selbst in zwei Teile: in dem ersten werde ich auf grund der literarischen Quellen die Fischsymbolik, wie sie in der alten Kirche bestand, zu ermitteln suchen; in dem zweiten von hier aus eine Beurteilung der Fischdenkmäler in den römischen Katakomben unternehmen. Einige Vorbemerkungen aber seien mir noch gestattet. Pitra hat es für nötig gehalten, auch alle bei den Assyrern Syrern Ägyptern Indogermanen Griechen

---

[1] Ferdinand Becker hat die Abhandlung de Rossi's in populärer Weise deutsch bearbeitet in seiner Schrift: »Die Darstellung Jesu Christi unter dem Bilde des Fisches«, 1. Aufl. 1866, 2. gleichlautende Aufl. 1876. — Hinzugefügt hat er nur einige ausserrömische und neu aufgefundene Monumente; wertvoll ist das Buch durch die hinzugefügten Abbildungen.

und Römern bekannten Fische heranzuziehen; da er aber selbst diesen Teil seiner Untersuchung mit dem Worte des Petrus schliesst: »Totam noctem laborantes nihil cepimus«, und damit anerkennt, dass sich hieraus für die christliche Fischsymbolik nichts ergiebt, so können wir dies ganze Material füglich unberücksichtigt lassen. Aber auch bei der Sammlung der Stellen der K.-V.V. scheint er mir unnötige Mühe aufgewandt zu haben. Denn er berücksichtigt alle »Kirchenväter« von den apostolischen Vätern an bis auf Thomas von Aquino; für unsern Zweck aber können wir uns die Grenzen enger stecken. Denn in den Katakomben ist nach dem fünften Jahrhundert nicht mehr begraben worden, sodass wir alles, was über diesen Zeitpunkt hinausfällt, ohne Beachtung lassen dürfen. Ausserdem zeigt schon ein Überblick über die Sammlung Pitra's, dass das Fischsymbol der alten Kirche angehört, und nach dem 5. Jahrhundert nur von gelehrten Autoren aus der älteren Literatur in ihre Werke aufgenommen wird.

Was die Monumente anlangt, so glaube ich mich bei den Grabplatten auf die von F. Becker behandelte Anzahl beschränken zu müssen. Es ist mir wohl bekannt, dass seitdem eine Anzahl neuer Fischmonumente aufgefunden wurde. Da mir aber nicht alle Zeitschriften, in welchen solche Funde publiziert zu werden pflegen, zugänglich waren, und bei den vorhandenen ungenaue Angaben häufig ein sicheres Urteil nicht gestatteten, ob das betreffende Monument schon von Becker aufgeführt wurde oder nicht, so halte ich diese Beschränkung für geboten. Überdies glaube ich versichern zu können, dass sich unter den mir bekannt gewordenen Monumenten keins befindet, aus dem sich neue Gesichtspunkte für die Beurteilung der Fischdenkmäler ergeben. Ich behandle also nur die bis zum Jahre 1866 bekannten Grabplatten. Dagegen die in meinen Bereich gehörigen Gemälde glaube ich vollzählig angeführt zu haben. Endlich ist es auch üblich geworden, bei den Untersuchungen über die Fischsymbolik eine Anzahl von geschnittenen Steinen Lampen Gläsern Amuletten und dergl. herbeizuziehen; aber auch davon glaube ich absehen zu müssen. Diese Gegenstände lassen sich einmal nur in den seltensten Fällen auch nur annähernd datieren, und dann hat bei solchen Werken der Kleinkunst der dekorative Zweck der Darstellungen so sehr das Übergewicht, dass sich aus ihnen schwerlich etwas Sicheres über die Symbolik entnehmen lässt. —

Die Literatur über den Fisch habe ich, soweit sie mir erreichbar war, ohne Ausnahme in Erwägung gezogen. In meiner Darstellung glaube ich mich aber auf ein Referat über die Ansichten de Rossi's und seiner Schule, sowie über die der deutschen Forscher der Gegenwart beschränken zu müssen. Alle Ansichten, welche von diesen abweichen, dürften wohl schon als widerlegt gelten; ich ziehe sie daher nur dann herbei, wenn sie mir besondere Beachtung zu verdienen scheinen.

Erster Teil.

Der „Fisch" bei den Kirchenvätern der ersten fünf Jahrhunderte.

Die vielen Stellen, welche Pitra als Belege für die Fischsymbolik bei den K.-V.V. anführt, sind zur grossen Mehrzahl exegetische Erklärungen zu Schriftstellen, in denen irgendwie Fische vorkommen. Die hier angewandte Methode ist die allegorische. Die Väter suchen in den ihnen vorliegenden Stellen irgend einen Punkt auf, der ihre Phantasie in eine bestimmte Richtung zu weisen vermag, und bauen darauf ihre Erklärung auf. Ihre Deutungen sind daher im höchsten Grade abhängig von den zu grunde liegenden Schriftstellen, wodurch sich dann leicht die in Pitra's Zusammenstellung frappierende, ungeheure Verschiedenheit der Deutungen erklärt. So versteht Barnabas (c. 10) unter den Tieren, deren Genuss den Israeliten Lev. 11 (Deut. 14) untersagt wird, Typen für mit bestimmten Sünden behaftete Menschen; das Nicht-essen heisst ihm Nicht-gleich-werden oder Nicht-verkehren. Die Wassertiere dieser Classe (c. 10, 5) sind ihm wegen ihres einsamen Lebens in der Tiefe des Meeres, die Menschen, οἵτινες εἰς τέλος εἰσὶν ἀσεβεῖς καὶ κεκριμένοι ἤδη τῷ θανάτῳ. Ihm folgen in dieser Deutung dieses Speiseverbotes Novatian (de cibis Iud., c. 3) Clemens v. Alex. (Strom. II, 15) Cyrill v. Alex. (In Julian. IX.) Theodoret (in Levit. 11), indem sie teils nur des Barnabas Gedanken wiederholen, teils ihn neu begründen. So sagt Theodoret (a. a. O.), die Schuppen, welche diesen Fischen abgehen, bedeuteten den Glauben; es seien diese daher die **ungläubigen Menschen**. In den Ps. 8, 9 erwähnten Fischen findet Arnobius der Jüngere (in Ps. 8) wegen der miterwähnten andern Tiere die **tiefen Denker** charakterisiert. Die mit den Tieren auf dem Felde und den Vögeln unter dem Himmel zusammengestellten Fische Hos. 4, 3 glaubt Hieronymus (in Os. 4) als die dummen, unverständigen Menschen erklären zu müssen; Cyrill von Alex. (in Os. 4) schwankt zwischen dieser Erklärung und der andern, dass es vielmehr die Menschen sind, die sich nach Art der Fische gegenseitig zu verschlingen trachten, während Theodoret hier die Vierfüsser und Vögel als die reichen, die Fische als die armen Menschen auffasst. Für die unbedachtsame Menge hält Cyrill von Alex. (in Soph.) die Fische Zeph. 1,3. Das Wort Mt. 7, 10 erklärt Hilarius (in Matth. 7) dadurch, dass er sagt, Gott schenke denen, die ihn darum bitten, den Glauben, der hier unter den verschiedenen Bildern des Brotes als der Speise des Lebens, und des Fisches als der Bewahrung der Taufe erscheine, im Gegensatz zu der durch den Stein angedeuteten Herzenshärte der Heiden, und dem durch die Schlange bezeichneten Gift der Häresieen. Origenes findet in dem Fisch mit dem Stater (Mt. 17) ein treffendes Bild des geizigen Menschen (in Matth. 13, 12); Sedulius sieht (Carm. pasch. 5, v. 400 squ.) in dem Fisch dem Brot und dem Kohlenfeuer (Joh. 21) alles zusammengefasst, was den Glauben ausmacht: im Fisch das Wasser der Taufe, im Brot Christus, im Feuer den h. Geist. Tertullian endlich erklärt die Fische 1. Kor. 15, 39 für die Christen, quibus aqua baptismatis sufficit (de resurr. 52). —

Im grunde gleich bleiben sich die Exegeten nur bei der Deutung der Speisungswunder. Denn hier bietet der Text mehrere Zahlen, die von allen als willkommene Fingerzeige für die Erklärung benutzt werden. Man lässt es ganz ausser acht, dass es 5000 (bezw. 4000) Menschen, 5 (bezw. 7) Brote, 2 Fische und 12 (bezw. 7) Körbe sind, um die es sich hier handelt, und erklärt die ganze Geschichte mittelst Zahlensymbolik. Die 5 Brote werden allgemein als die 5 Bücher Mose aufgefasst (Hilarius Hieronymus Augustin Cyrill Severianus), nur Augustin plaidiert daneben noch für die 5 Sinne. Bei den 7 Broten und 7 Körben pflegt man entweder allgemein an die Heiligkeit dieser Zahl zu erinnern, mit Hinweis auf die 7 Leuchter und die 7 Kirchen der Apoc. (Hilarius Hieronymus), oder sie mit Berufung auf den siebenfach charakterisierten Geist Jes. 11, 2 geradezu als den h. Geist zu fassen (Hilarius Ambrosius Maximus Pseudo-Eusebius). Die 2 Fische erklärt man gewöhnlich als die Predigt des Johannes und der Propheten (Hilarius Maximus), oder als die beiden Testamente (Ambrosius Hieronymus Maximus), oder endlich als das hohepriesterliche und königliche Amt in Israel (Augustin Severianus); andere kommen auf noch andere Gedanken. Hilarius und Maximus sehen in der Speisung der 5000 das Heilswerk an den Juden, in der der 4000 das an den Heiden symbolisiert, und erklären von diesem Gedanken aus alle Einzelheiten der Erzählungen. Was aber allen gemeinsam ist, ist die Zugrundelegung der Zahlensymbolik.

Eine andere Gruppe bilden die Erklärungen zu den Fischfangsscenen des N. T. (Mt. 17, 27 ff.; Lc. 5, 1 ff.; Joh. 21, 1 ff.), wo uns die Apostel in Ausübung ihres Berufes begegnen, und des Gleichnisses vom Netze (Mt. 13, 47 ff.). Bei den Fischzügen nimmt die Exegese regelmässig ihren Ausgangspunkt in dem Worte Mc. 4, 19 (Lc. 5, 10). Sind die Apostel also Menschenfischer, so müssen die Fische die Menschen sein, und zwar die von den Aposteln gefangenen Fische die Christen, die übrigen die Heiden. So fällt denn auch die Erklärung regelmässig aus. Zuweilen malt man das Bild noch weiter aus, indem man das Meer als die Welt, das Schiff als die Kirche, das Netz als die Predigt bezeichnet. Den Fisch mit dem Stater erklärt man für die erste Beute des Petrus, und versteht ihn so als den ersten Märtyrer, Stephanus (Hilarius Ambrosius Hieronymus). Im ganzen ebenso pflegt die Erklärung des Gleichnisses vom Netze (Mt. 13, 47 ff.) auszufallen. Nur zwingt hier der Text dazu, nicht alle gefangenen Fische als Christen zu deuten, denn die Scheidung zwischen Bösen und Guten findet hier erst nach dem Fange statt. Die bösen Menschen sind hier demnach unter den gefangenen Fischen. So gehen also die Worte der Exegeten über die Bedeutung der Fische auch innerhalb dieser Gruppe auseinander, je nachdem sie sich an die Fischzüge der Apostel oder an das Gleichnis anschliessen. Mehrfach wird dies Bild erweitert, und auch zur Erklärung von andern Schriftstellen verwendet. Schon Clemens von Alex. nennt Christus selbst einen Fischer, und vergleicht sein Werk an der Menschheit mit dem Fischfang; ihm folgen darin Gregor von Nazianz und Nilus. Andrerseits ist Hieronymus bei der Exegese von Hab. 1, 15 dazu gezwungen, zu sagen, dass auch der Teufel und die Häretiker Fischer seien; er bemerkt dabei, dass Adam der erste gelungene Fang des Teufels sei, wie Stephanus der erste des Petrus. —

Dass diese exegetischen Deutungen der biblischen Fische seitens der K.-V.V. keinen Einfluss auf die Bilder der Katakomben ausgeübt haben können, dürfte schon aus unsrer Zusammenstellung deutlich sein. Es ist auch, soweit ich sehe, noch von niemand das Gegenteil behauptet worden. Nur die in unsrer letzten Gruppe zusammengefassten Stellen hat man in diesem Sinne verwertet. Denn auf diese pflegt die Behauptung gegründet zu werden, dass bei den K.-V.V. seit den ältesten Zeiten der Fisch ein Symbol des Christen sei. Nach unsern Ergebnissen ist diese Behauptung mehrfach zu modificieren. Wo die K.-V.V. den Fisch als den Christen deuten, thun sie es im Anschluss an Schriftstellen, welche ihnen diesen Gedanken schon darboten. Wenn die Apostel Fischer, das Himmelreich ein Netz genannt wird, müssen natürlich die Fische die Menschen sein. Von diesen Fischen sind die, welche gefangen werden, die Gläubigen; nach dem Gleichnis werden auch die Ungläubigen mitgefangen. Es handelt sich also an allen diesen Stellen nicht um eine Symbolik des Fisches, sondern um eine Allegorisierung der Fischfangsgeschichten. Damit erledigt sich zugleich die Frage, ob diese Anschauung in den Katakomben verwertet worden ist. Ein auf eine Grabplatte eingeritzter Fisch kann nie den Christen bedeuten.[1]) Selbst wenn man annehmen will, dass diese Steinmetzen beim Aushauen ihrer einfachen Bilder sich nach den traditionellen Gedankengängen der gelehrten Exegeten gerichtet hätten, ist dies zu verneinen. Anders liegt die Sache, wenn wir eine Fischfangsscene in den Katakomben abgebildet sehen. Wenn es geboten scheint, ein solches Bild

---

1) So die herkömmliche Ansicht, der sich auch de Rossi nicht ganz verschliesst, obgleich er Spic. Sol. III, S. 562 wesentlich dasselbe ausspricht, wie ich hier.

symbolisch zu erklären, wird man allerdings zunächst an den Fischfang der Menschenfischer denken müssen.[1] —

Anmerkung. De Rossi (Roma sott. II, S. 333) beruft sich nicht auf diese Stellen, sondern auf Tertullian de bapt. I.: »nos pisciculi secundum *ΙΧΘΥΝ* nostrum Jesum Christum in aqua nascimur, nec aliter quam in aqua permanendo salvi sumus«. Der Zusammenhang dieser Worte zeigt aber deutlich, dass T. in dieser Bezeichnung der Christen als pisciculi nicht einer geläufigen Symbolik folgt, sondern dass dies ein augenblicklicher Einfall von ihm ist. Eine Quintilla aus der Cajanischen Sekte hatte, wie er eben vorher sagt, die Wassertaufe angegriffen und ihrer Lehre gegenüber bringt T. in diesem Schlagwort die enge Beziehung der Christen zur Taufe zum Ausdruck. Er nennt Quintilla eine Viper, und beweist das Treffende dieses Vergleiches damit, dass alle Schlangen eine Vorliebe für das Dürre und Wasserlose hätten; ihr gegenüber seien die Christen Wassertiere. Ferner ist ihm die Bezeichnung Christi als *ΙΧΘΥΣ* bekannt; und Christo folgen die Christen in der Taufe und in ihrer dadurch entstehenden Fischnatur nach. Durch diese Beziehungen entsteht dem T. hier das Bild der Fischlein für die Christen, und dadurch wird die Annahme unmöglich, dass er hier nur eine gebräuchliche symbolische Verbindung der Fischlein und der Christen zum Ausdruck bringt. Ein solcher beiläufiger Gedanke eines Schriftstellers kann aber nie massgebend sein für die Interpretation von Katakombenbildern. Mit demselben Rechte könnte man alle oben erwähnten Deutungen herbeiziehen.

Eine von allen diesen durchaus verschiedene Gruppe bilden endlich die Stellen, welche den Fisch auf Christus deuten. Ich halte es hier für nötig, sie alle der Reihe nach aufzuführen und zu besprechen. —

I. Clemens von Alexandrien.

Αἱ δὲ σφραγῖδες ἡμῖν ἔστων πελειὰς ἢ ἰχθὺς ἢ ναῦς οὐριοδρομοῦσα ἢ λύρα μουσική, ᾗ κέχρηται Πολυκράτης, ἢ ἄγκυρα ναυτική, ἣν Σέλευκος ἐνεχαράττετο τῇ γλυφῇ· κἂν ἁλιεύων τις ᾖ, ἀποστόλου μεμνήσεται καὶ τῶν ἐξ ὕδατος ἀνασπωμένων παιδίων· οὐ γὰρ εἰδώλων πρόσωπα ἐναποτυπωτέον, οἷς καὶ τὸ προσέχειν ἀπείρηται, οὐδὲ μὴν ξίφος ἢ τόξον τοῖς εἰρήνην διώκουσιν ἢ κύπελλα τοῖς σωφρονοῦσιν. Πολλοὶ δὲ τῶν ἀκολάστων γεγλυμμένους ἔχουσι τοὺς ἐρωμένους ἢ τὰς

---

[1] Victor Schultze giebt auch dies nicht zu. cf. Arch Stud. S. 41 ff.; Christl. Kunstblatt 1880, S. 92; Katak. S. 130. — Richtig urteilt allein Heinrich Merz. Christl. Kunstbl. 1880, S. 92 f. —

ἑταίρας, ὡς μηδὲ ἐθελήσασιν αὐτοῖς λήθην ποτὲ ἐγγενέσθαι δυνηθῆναι τῶν ἐρωτικῶν παθημάτων διὰ τὴν ἐνδελεχῆ τῆς ἀκολασίας ὑπόμνησιν. Paed. III, 11.

Clemens bespricht hier eine Anzahl von Emblemen daraufhin, ob sie von Christen auf Siegelringen getragen werden dürfen oder nicht. Er will den Alexandrinern eine praktische Anweisung geben, und so ist es natürlich, dass diese Bilder die gebräuchlichsten Siegelzeichen in der Umgebung des Clemens waren. Es sind die wilde Taube der Fisch ein Schiff mit geschwellten Segeln Leyer Schiffsanker Köpfe von Göttern (die Cl. nach kirchlichem Sprachgebrauch als εἰδώλων πρόσωπα bezeichnet) Schwert Bogen Pokal und Bilder von männlichen und weiblichen Geliebten. Den Massstab zur Gestattung oder Verwerfung dieser Zeichen entnimmt er aus der Gedankenassociation, die sich von selbst mit einem solchen Zeichen verbindet, und daher einen Rückschluss auf die Gesinnungsart des Besitzers des Petschaftes gestattet. Die Köpfe von Göttern lassen auf Verehrung derselben schliessen, Schwert und Bogen auf kriegerische Gesinnung, ein Pokal auf Liebe zum Wein, Bilder von männlichen und weiblichen Geliebten — die zu verbieten Cl. nicht für nötig hält, sondern auf sie nur wie auf ein abschreckendes Beispiel hinweist — auf ein Schwelgen in unzüchtigen Gedanken. Alles dies hält Cl. für unvereinbar mit dem Christentum, und so verbietet er seinen Christen den Gebrauch solcher Petschaften. Bei den fünf Bildern, die er gestattet, erwähnt er, dass zwei von ihnen — Leyer und Anker — sich auch auf historisch berühmten Ringen befanden, auf dem des Polykrates und dem des Seleucus.[1])

---

1) Über den ersteren berichtet Herodot (III, 41) bei Erzählung des bekannten Märchens, es sei ein goldener Siegelring mit einem Smaragd gewesen, ein Werk jenes in mehreren Zweigen der Kunst thätigen Theodoros von Samos, Sohnes des Telekles. Ebenso Pausanias (VIII, 14, 5), während Strabo (XIV, 1) nur erzählt, an dem Ring sei Stein und Schnitt kostbar gewesen; dass eine Leyer auf ihm geschnitten war, erfahren wir nur aus dieser Clemens-Stelle. Wenn dagegen der ältere Plinius (Nat. hist. XXXVII, 2. 4) erzählt, der Ring des Polykrates sei ein Sardonyx und ungeschnitten, und er werde noch jetzt in Rom im Tempel der Con-

Clemens erwähnt diesen Umstand aber nur beiläufig; es ist ihm dies kein Grund weder für noch gegen den Gebrauch derselben Zeichen auf christlichen Ringen. Der Grund, weswegen er diese 5 Bilder gestattet, ist nur der, dass er eben gegen sie nichts einzuwenden hat, und so belässt er die Gemeinde in deren Gebrauch. Die πελειάς ist wohl ein ganz bedeutungsloses Bild; an den Vogel der Aphrodite ist jedenfalls nicht zu denken; das ist auch wohl nur die περιστερά. Die Leyer lässt auf Musikliebhaberei schliessen. Bezeichnend aber ist, dass 3 von diesen 5 Zeichen maritime Embleme sind: der Fisch das segelgeschwellte Schiff der Anker. Denn in einer Seestadt wie Alexandrien ist es natürlich, dass ein grosser Teil der niederen Bevölkerung von Schiffahrt und Fischfang lebte, und ebenso natürlich ist es, dass diese Leute, soweit sie ein Petschaft führten, ein maritimes Emblem darauf abgebildet hatten. Das setzt auch Cl. voraus, wenn er den Fischern hier empfiehlt, beim Anblick ihrer Siegelringe an den Apostel, der auch Fischer war[1]) — die Einzahl ist hier befremdend — und an die Kinder-

---

cordia gezeigt, so dürfen wir wohl sagen, dass jener Ring untergeschoben war. — Von dem Ring des Seleucus weiss Justin noch (hist. ex Trogo Pomp. XV, 4), dass ihn einst seine Mutter Laudike von seinem Vater, dem Gott Apollon, erhalten habe, und dass Seleucus dasselbe Zeichen, das sich auf dem Ring befand, den Anker, als Muttermal auf dem Schenkel trug. Appian (Syr. 56) erzählt nichts von der Vaterschaft Apollons und dem Muttermal des Seleucus, weiss aber auch, dass seine Mutter im Traum darauf aufmerksam gemacht wurde, dass sie einen Ring finden werde, den sie ihrem Sohn geben sollte; dieser werde ihn später verlieren, aber in derselben Gegend, wo dies geschehe, König werden. Sie habe damals einen eisernen Ring mit einem Anker darauf gefunden; und Seleucus habe diesen am Euphrat verloren. Später habe Seleucus einmal an einen Stein gestossen, der dadurch gesprungen sei, und auch einen Anker gezeigt habe, was die Wahrsager und Ptolemäus zu verschiedenen Deutungen veranlasste. Daher habe Seleucus auch als König einen Anker als Siegelzeichen geführt. So sind diese beiden Ringe des Polykrates und Seleucus wohl die berühmtesten des Altertums.

1) Das scheint mir näher zu liegen, als dass Cl. die Fischer an die Berufung der Apostel erinnern wollte und die daraus resultierende allegorische Behandlung der Fischfanggeschichten bei den K.-V.V., wie Hasenclever (»Der altchristliche Gräberschmuck« 1886, S. 110 und 229) will.

taufe zu denken.¹) Er begnügt sich also nicht damit, seinen Christen nur unschuldige Bilder für ihre Siegelringe zu gestatten, sondern er giebt ihnen für einen Teil derselben christlich-erbauliche Gedanken an die Hand. —

Von jeher ist es den christlichen Archäologen aufgefallen, dass unter diesen 5 Siegelzeichen sich 3 Bilder finden, welche am häufigsten in den Katakomben als Symbole vorkommen: Taube Fisch Anker; man hat daher stillschweigend angenommen, dass Cl. hier diese Zeichen als bekannte christliche Symbole empfehle,²) und die beiden andern, Schiff und Leyer, sind wohl hauptsächlich auf grund dieser Stelle zu christlichen Symbolen gemacht worden. Aber selbst abgesehen von der Auffassung unsrer Stelle, wie sie sich uns notwendig aus dem Zusammenhang ergab, spricht noch gegen diese Ansicht, dass Cl. die $\pi\varepsilon\lambda\varepsilon\iota\acute{\alpha}\varsigma$, die gewöhnliche, wilde Taube empfiehlt, und nicht die $\pi\varepsilon\varrho\iota\sigma\tau\varepsilon\varrho\acute{\alpha}$, die allein in der LXX und im N. T. erwähnt wird, und daher Symbol wurde, sowie die Erwähnung der Ringe des Polykrates und Seleucus. In denselben Fehler, nur in einer andern Form, verfällt Hasenclever (S. 110), wenn er diese Stelle als einen »unwiderleglichen Beweis« dafür bezeichnet, dass »Ideenassociation die Hauptquelle christlicher Symbolik wurde«, obwohl er selbst zugesteht, dass Cl. hier nicht christliche Symbole im Auge hat, also — sollte man denken — diese Stelle auch nicht bei einer Untersuchung über die christliche Symbolik herbeigezogen werden darf, oder doch nur nebenbei als Analogie. Was alle diese Autoren irre geführt hat, ist der Zufall, dass diese selben Zeichen, die Cl. hier empfiehlt, in den Katakomben den Wert von Symbolen haben; dieser Zufall erklärt sich aber vollständig dadurch, dass es eben so einfache Bilder sind, die überall und zu allen Zeiten in mannigfachster Art verwandt worden sind. — Aber gerade der Umstand, dass dem Cl. die Katakombensymbole, und auch das

---

1) Die älteren Erklärer und auch Hasenclever S. 109 f. verstehen diese Worte so, als empfähle hier Clemens u. A. auch das Bild eines Fischers — eine Ansicht, die m. E. durch den Context gänzlich ausgeschlossen ist.

2) F. Becker S. 10; F. X. Kraus: Roma sott. 2. Aufl. 1879, S. 241 ff.; Heuser in: Kraus, Realencyklopädie Bd. 1, S. 520.

Fischsymbol unbekannt sind, verleiht dieser Stelle eine grosse Bedeutung für die Fischsymbolik.

Anmerkung. Als die ältesten Belegstellen werden von Pitra Worte aus dem »Clavis« des Melito von Sardes angeführt. Dieser »Clavis« ist ein Glossar mystischer Schrifterklärungen, der von Pitra selbst im Jahre 1855 in dem 2. und 3. Bande seines Spicilegium Solesmense herausgegeben wurde. P. hielt ihn für eine Übersetzung der verlorenen Melitonischen Schrift »κλείς«; Steitz hat aber den Nachweis geführt,[1]) dass sie nicht diesem Bischof des 2. Jahrhunderts angehört, sondern »eine Composition aus den Schriften späterer abendländischer Kirchenväter, namentlich Gregors des Grossen bis Peter Damiani, ist und wohl erst gegen Ende des 11. Jahrhunderts ihre abschliessende Redaktion erhalten« hat. Trotzdem sind noch von Heuser (a. a. O. S. 520 u. 522) im Jahre 1882 diese Stellen als Worte Melitos herangezogen worden. --

2. Tertullian.

Sed nos pisciculi secundum *IXΘYN* nostrum Jesum Christum in aqua nascimur, nec aliter quam in aqua permanendo salvi sumus. De baptismo, c. 1. (ed. Öhler I, 619).

Es ist offenbar, dass Tertullian hier mit den Worten: secundum *IXΘYN* nostrum J. Chr. an etwas Feststehendes, allgemeiner Bekanntes erinnert.[2]) Er kommt nicht in seinen Gedanken von der Christentaufe auf die Taufe Christi, und von dem Fisch als Bild für die Christen auf den Fisch als Symbol Christi, sondern umgekehrt: er zieht die Fischnatur Christi, die in seiner Bezeichnung als ἰχϑύς ausgedrückt ist, heran, um die Fischnatur der Christen, nämlich ihre Abhängigkeit von der Taufe, auf deren Nachweis es ihm hier im Zusammenhang ankommt, zu erweisen.[3]) — Es ist ferner zu beachten, dass er Christus nicht

---

1) In den Theol. Stud. u. Krit. 1857, S. 584 ff. cf. auch Herzogs Realenc. 2. Aufl. Bd. 9, S. 559.

2) Aus diesem Grunde ist es nicht willkürlich, wie Hasenclever S. 229 meint, dass man die Fisch-Christus-Symbolik zur Interpretation von Katakombenbildern verwertet, und nicht jene exegetischen Deutungen von Schriftstellen, die wir oben besprachen.

3) Nicht ganz klar drückt sich Hasenclever S. 231 aus, wenn er einerseits meint, es sei Tertullian durch den Zusammenhang nahegelegt, Christus als den ἰχϑύς zu bezeichnen, andererseits aber zugiebt, dass »die feierliche griechische Bezeichnung auf einen in der Gemeinde schon vorhandenen Gebrauch hinzudeuten scheine«. —

piscis, sondern *ἰχθύς* nennt. Man kann diesen Umstand kaum dadurch erklären, dass T. seine Kenntnis der Fischsymbolik aus einem griechischen Schriftsteller geschöpft habe, und so hier in lateinischem Zusammenhang das griechische Wort beibehalte. Er würde es wohl übersetzt haben, wenn nicht eben das griechische Wort *ἰχθύς* für die ihm bekannte Fischsymbolik wesentlich gewesen wäre. Damit ist aber schon gesagt, dass ihm die akrostichische Auflösung des Wortes hier vorgeschwebt haben muss. Denn diese allein haftet an dem griechischen Worte. Wir können somit bei Tertullian eine Bekanntschaft mit der akrostichischen Fischsymbolik konstatieren, und zwar zeigt die Art und Weise, in der er die Symbolik hier einführt, dass die Kenntnis derselben schon in weitere Kreise gedrungen sein muss. Aber noch mehr. T. sagt hier, auch Christus sei im Wasser geboren. Auch das ist kein Einfall von ihm, sondern eine Anschauung, die in der alten Kirche häufiger begegnet, dass man nämlich die Gottheit Christi auf seine Jordantaufe gründete, wegen der göttlichen Stimme, welche bei dieser Gelegenheit Christus als Gottes Sohn anerkannte (Mt. 3, 17; Mc. 1, 11; Lc. 3, 22). Hier bei dem ersten Zeugen der Fischsymbolik bemerken wir also schon zwei Beziehungen auf Christus, die sich in seiner Bezeichnung als Fisch vereinigten: die akrostichische und die auf seine Taufe. Das Zusammentreffen beider in demselben Symbol wird ein zufälliges sein, denn sie lassen sich schwerlich, die eine aus der andern, ableiten. Wenn man der Taufe Christi eine solche hohe Bedeutung für seine Gottessohnschaft beimass, hatte man noch nicht das Akrostich, ebenso wenig wie in diesem der Grund für die dogmatische Vorstellung zu suchen ist. Als man aber das Akrostich entdeckt hatte, sah man ein, wie vorzüglich das durch Buchstabenspielerei entstandene Symbol zu den sonstigen Anschauungen über Christus passte. Denn dass Christi Gottessohnschaft in der Jordantaufe ihren Grund hat, konnte kaum einen treffenderen sinnbildlichen Ausdruck finden, als dadurch, dass die Anfangsbuchstaben von *Ἰησοῦς Χριστὸς θεοῦ υἱός*, zusammen mit dem von *σωτήρ*, den Namen des Fisches, dieses Wassertieres *κατ' ἐξοχήν*, bildeten. Und hierin werden wir den tieferen Grund gefunden haben, warum diese Buchstabenspielerei sich verbreitete und beliebt wurde. – Da T. unser erster Zeuge ist, so ist die Datierung seiner Schrift von Wichtigkeit für uns. Die Schrift De baptismo ist eine der älteren, sie ist jedenfalls vormontanistisch, sodass sie noch in das 2. Jahrhundert fällt.

3. Aberkios.

In der [1]*Μετάφρασις εἰς τὸν βίον καὶ τὰ θαύματα τοῦ ἐν ἁγίοις πατρὸς ἡμῶν Ἀβερκίου*, welche durch eine grosse Menge von Handschriften auf uns gekommen ist, ist uns auch die Grabschrift dieses Heiligen erhalten, welche er noch bei Lebzeiten sich selbst gesetzt haben soll. Obwohl die μετάφρασις allgemein für höchst sagenhaft gehalten wurde, so wurde die Inschrift doch von den meisten für echt erklärt, und so ist sie häufig herausgegeben und als das Epitaph des »Bischofs Aberkios von Hierapolis« besprochen worden.[2]) Auch für die Fischsymbolik wurde sie seit Pitra's Publikation in ausreichendster Weise benutzt. In den letzten Jahren ist durch eine Reihe sie betreffender Entdeckungen das Augenmerk weiterer Kreise auf sie gerichtet worden. Im Jahre 1882 fand nämlich W. M. Ramsay, zwar nicht in Hierapolis am Mäander, aber in Hieropolis in Phrygien, eine Grabschrift, ohne ihre Bedeutung zu kennen, und veröffentlichte dieselbe in dem Bulletin de Correspondance Hellénique, Juillet 1882. Er selbst wies in derselben Nummer in dem Aufsatz: »Trois villes Phrygiennes« über die Städte Hieropolis, Brouzos und Otrous, nach, dass dieses Hieropolis häufig mit dem bekannteren Hierapolis am Mäander verwechselt worden ist; de Rossi aber (Bull. di arch. crist. 1882, p. 77) erkannte, dass jene von Ramsay gefundene Inschrift zusammengesetzt ist aus den drei ersten und den drei letzten Versen der Aberkios-Inschrift, nur dass sie statt des Namens Ἀβέρκιος den andern Ἀλέξανδρος Ἀντωνίου einsetzte; aus dem dadurch entstandenen prosodischen Fehler ist deutlich, dass die Inschrift

---

1) Ich schöpfe diese Darstellung aus: Lightfoot: The apostolic Fathers, Bd. 2, S. 476 ff. – cf. Theol. Ltztg. 1887, Sp. 79 ff.

2) Boissonnade: Anecd. graeca Bd. 5, S. 487. – Pitra: Spic. Sol. III, S. 532 ff. – Garrucci: Mélanges d'épigraphie ancienne 1856, S. 1 ff. – P. de Buck: Acta Sanct. Bd. 9, S. 486 ff. – Anal. Sacra ed. Pitra, Bd. 2, S. 162 ff. – Migne CXV, S. 1211 ff.

des Alexander ein Plagiat von der des Aberkios ist. In dem Journal of Hellenic Studies 1882 führte nun Ramsay den weiteren Nachweis, dass der Verfasser der μετάφρασις des Aberkios genau mit der Umgegend von Hieropolis bekannt gewesen sein muss; und die Resultate aller dieser Forschungen wurden auf das glänzendste bestätigt, als er bei einem zweiten Besuch der Stadt ein nicht unbedeutendes Fragment der echten Inschrift des Aberkios fand.[1]) Er veröffentlichte es in der zuletzt genannten Zeitschrift 1883, S. 424 ff. — Es stehen uns jetzt also drei Quellen zu gebote, um den ursprünglichen Text der Aberkios-Inschrift wiederherzustellen: das Fragment selbst die Inschrift des Alexander und die Handschriften der μετάφρασις. Lightfoot glaubt etwa folgenden Text als den ursprünglichen bezeichnen zu können:

1 Ἐκλεκτῆς πόλεως ὁ πολίτης τοῦτ' ἐποίησα
 ζῶν, ἵν' ἔχω καιρῷ σώματος ἔνθα θέσιν.
 οὔνομ' Ἀβέρκιός εἰμι μαθητὴς ποιμένος ἁγνοῦ
 ὃς βόσκει προβάτων ἀγέλας ὄρεσιν πεδίοις τε
5 ὀφθαλμοὺς ὃς ἔχει μεγάλους πάντη καθορῶντας·
 οὗτος γάρ μ' ἐδίδαξε . . . . . γράμματα πιστά·
 εἰς Ῥώμην ὃς ἔπεμψεν ἐμὲν βασίληαν ἀθρῆσαι
 καὶ βασίλισσαν ἰδεῖν χρυσόστολον, χρυσοπέδιλον.
 λαὸν δ' εἶδον ἐκεῖ λαμπρὰν σφραγεῖδαν ἔχοντα·
10 καὶ Συρίης πέδον εἶδα καὶ ἄστεα πάντα Νίσιβιν,
 Εὐφράτην διάβας· πάντη δ' ἔσχον συνομίλους·
 Παῦλον ἔχων ἑπόμην, πίστις πάντη δὲ προῆγε,
 καὶ παρέθηκε τροφὴν πάντη ἰχθὺν ἀπὸ πηγῆς
 παμμεγέθη, καθαρόν, ὃν ἐδράξατο παρθένος ἁγνή·
15 καὶ τοῦτον ἐπέδωκε φίλοις ἔσθειν διὰ παντός,
 οἶνον χρηστὸν ἔχουσα, κέρασμα διδοῦσα μετ' ἄρτου.
 ταῦτα παρεστὼς εἶπον Ἀβέρκιος ὧδε γραφῆναι·
 ἑβδομήκοστον ἔτος καὶ δεύτερον ἦγον ἀληθῶς.
 ταῦτ' ὁ νοῶν εὔξαιτο ὑπὲρ μου πᾶς ὁ συνωδός.
20 οὐ μέντοι τύμβῳ τις ἐμῷ ἕτερον ἐπιθήσει·
 εἰ δ' οὖν, Ῥωμαίων ταμείῳ θήσει δισχίλια χρυσᾶ,
 καὶ χρηστῇ πατρίδι Ἱεροπόλει χίλια χρυσᾶ.

---

1) Lightfoot druckt dasselbe, wie auch die Inschrift des Alexander, S. 478 f. ab.

Ein Anhaltspunkt für die Datierung dieser Inschrift ist aus der andern des Alexander zu entnehmen. Diese ist nämlich datiert; sie stammt aus dem Jahre 300 der Sullanischen Ära (216 n. Chr.); und da sie sicherlich von der Inschrift des Aberkios abgeleitet ist, fiele diese in die ersten 15 Jahre des 3. Jahrhunderts oder möglicherweise noch in das zweite. — Die Verse 13—16 betreffen die Fischsymbolik. Das Vorhandensein der drei ersten in der ursprünglichen Inschrift ist durch das Fragment gesichert, und es ist kein Grund vorhanden, den V. 16 für eine spätere Zuthat eines Abschreibers zu erklären. In diesen Versen wird gesagt, dass die Christen bei dem Genuss des Mischweines und des Brotes, d. h. beim Abendmahl, durch den Glauben den grossen reinen Fisch aus der Quelle zu essen erhielten, den einst die heilige Jungfrau ergriffen habe, also Christum.[1]) Es ist das die Vorstellung vom »sacramentalen Fisch«, die sich leicht verstehen lässt als eine Fortbildung der einfacheren Form der Symbolik, die wir bei Tertullian kennen lernten. Denn der Fisch ist ein essbares Tier; Christum geniessen die Christen im Abendmahl — da lag es nahe, in dem Fisch den im Abendmahl gegenwärtigen Christus zu sehen. Von Wichtigkeit ist auch der Ausdruck $i\chi\vartheta\dot{v}\varsigma\ \dot{\alpha}\pi\dot{o}\ \pi\eta\gamma\tilde{\eta}\varsigma$, der eine deutliche Hinweisung auf die Jordantaufe Christi enthält, und uns aufs neue zeigt, welches Interesse man an dieser Seite der Symbolik nahm. — Die Romreise, deren Aberkios auf dem Epitaph in so begeisterten Worten gedenkt, machte er wahrscheinlich unter Marc Aurel (cf. Lightfoot a. a. O.).

---

1) Konrad Lange (Haus und Halle 1885, S. 300) sagt gelegentlich: »Schon der Tadel im I. Cor. aber zeigt die Tendenz, den Agapen einen mehr symbolischen Charakter zu verleihen. Man beginnt, das eigentliche Mahl zu Hause zu halten, und nur den Leib des Herrn, symbolisiert in Brot und Fisch, sein Blut, symbolisiert in Wein, im Gemeindehause zu verzehren.« Abgesehen davon, was gegen diese Deutung von 1. Cor. 11, 20 ff. zu sagen ist, ist hervorzuheben, dass wir zu der Annahme, dass zu irgend einer Zeit Fisch neben Brot und Wein Element des Abendmahls war, nicht den geringsten Anhalt haben. Wie Lange zu dieser Ansicht kommt, ist nicht ersichtlich; oder sollte es ein Schluss aus den Mahlen der sieben Personen in den »Sacramentskapellen« von S. Callisto sein, deren Besprechung uns weiterhin obliegt?

4. Origenes.

Τοῦτο δὲ τὸ νόμισμα ἐν μὲν τῇ οἰκίᾳ Ἰησοῦ οὐκ ἦν, ἐν δὲ τῇ θαλάσσῃ ἐτύγχανε, καὶ ἦν ἐν τῷ στόματι τοῦ θαλασσίου ἰχθύος, ὃν καὶ αὐτὸν οἶμαι εὐεργετούμενον ἀναβεβηκέναι ἐν τῷ Πέτρου ἀγκίστρῳ συνειλημμένον, γενομένου ἁλιέως ἀνθρώπων, ἐν ᾧ ἦν ὁ τροπικῶς λεγόμενος ἰχθύς, ἵνα καὶ ἀπαρθῇ ἀπ᾽ αὐτοῦ ἔχον τὴν εἰκόνα Καίσαρος νόμισμα, καὶ γένηται ἐν οἷς οἱ ἁλιευόμενοι ὑπὸ τῶν μεμαθηκότων ἀνθρώπους ἁλιεύειν.

In Matth. T. XIII, 10 (ed. Bened. III, S. 584).

Die Worte stehen im Zusammenhang einer Erklärung zur Erzählung vom Fisch mit dem Slater (Mt. 17, 27 ff). Origenes setzt im Vorhergehenden auseinander, dass Jesus, als Fremdling auf Erden, den von ihm geforderten Stater habe zahlen müssen. Dann fährt er fort[1]): »Diese Münze aber war nicht im Hause Jesu, sondern befand sich im Meere, und zwar im Maule des Meerfisches, der, so ausgezeichnet, auch wirklich, wie ich glaube, heraufgestiegen ist, gefangen an der Angel des Menschenfischer gewordenen Petrus; und in ihm war der bildlich ἰχθύς Genannte, damit von ihm [Christus] eine Münze mit dem Bilde des Kaisers auch genommen würde, und er käme dahin, wo die sind, welche gefangen werden von denen, die gelernt haben, Menschen zu fangen.«[2]) Es kann m. E. nicht zweifelhaft sein, dass mit ἐν ᾧ ἦν ein zweiter Relativsatz zu ἰχθύος beginnt, und dass mit ὁ τροπ. λεγ. ἰχθύς eben Christus gemeint ist. Dieser Satz führt aus, auf welche Weise sich Christus seiner Zinspflicht entledigte: indem er in Fischgestalt dem Petrus, und durch diesen den Beamten den Stater gab. — Es ist ohne Bedeutung, dass O. hier gerade diesen Fisch mit dem Stater als Christus bezeichnet. Gleich darauf (S. 586) findet er in demselben Fisch den Geizigen

---

1) Da Hasenclever S. 230 f., wie mir scheint, diese Stelle missverstanden hat, sodass er sich zu der Annahme gedrängt sieht, die Worte ἐν ᾧ ἦν ὁ τρ. λεγ. ἰχθύς seien eine Interpolation, glaube ich die Stelle hier übersetzen zu müssen.

2) Die letzten Worte erscheinen mir zwar schwierig, aber nicht geradezu unverständlich. O. will nur sagen: »Damit so der Fisch zu den Fischen käme«, was er auf diese etwas umständliche Weise ausdrückt.

charakterisiert. Aber gerade diese Doppeldeutung ist sehr bezeichnend. Denn die Erklärung, dass der Fisch mit dem Geldstück im Maule den Geizhals bedeute, dessen einziger Schatz sein Geld ist, ist offenbar ein exegetischer Einfall, während die Ausdrucksweise ὁ τροπικῶς λεγόμενος ἰχθύς darauf hinweist, dass ihm wie auch andern diese Bezeichnung Christi geläufig war, und dass es sich hierbei nicht um einen augenblicklich entstandenen Gedanken handelt. Warum er und seine Zeitgenossen den Fisch als τρόπος für Christus auffassen, ist aus diesen Worten nicht zu entnehmen.

5. Das Sibyllinische Akrostich.

Wenn man die Anfangsbuchstaben der Verse 217–250 im 8. Buch der Sibyllinen aneinanderreiht, so erhält man die Worte: Ἰησοῦς Χρειστὸς θεοῦ υἱὸς σωτήρ σταυρός. Die ersten fünf dieser Worte sind dieselben, welche der akrostichischen Spielerei mit ἰχθύς zugrunde liegen; und aus diesem Umstande haben bisher alle Forscher mit Recht auf eine Bekanntschaft mit dem Akrostich geschlossen, denn die Uebereinstimmung ist schwerlich zufällig. Der Schwierigkeit, welche die sieben letzten das Akrostich σταυρός enthaltenden Verse bieten, lässt sich durch die Annahme begegnen, dass σταυρός vielleicht eine zweite Deutung des letzten Buchstabens von *IXΘYΣ* ist, die neben σωτήρ im Umlauf war, was um so näher liegt, als das Interesse nur an der Deutung der ersten vier Buchstaben hängt, und die des letzten mehr oder weniger gleichgültig ist. Ausserdem machen mir die Verse 244–255 den Eindruck, als wären sie erst später hinzugefügt; es hebt hier ein ganz neuer Gedanke an, die Beschreibung des Segens, welcher an dem Tage des vorher beschriebenen Endgerichts von dem σταυρός ausgehen wird, obgleich ja zuzugeben ist, dass ebenso gut der Verfasser des übrigen Akrostichs wie ein neuer Autor auf diese Weise neu ausholen konnte. Der Verfasser giebt uns hier also ein Doppelakrostich, indem er die Auflösungsworte des *IXΘYΣ* zu einem neuen Akrostich verwandte. Das konnte er nur zu einer Zeit und an einem Orte, wo die *IXΘYΣ*-symbolik allgemein bekannt war, denn sonst verfehlte sein Unternehmen ganz den

Eindruck. Geschah es, wie allgemein angenommen wird, in Alexandrien, so wird er auch aus dem Grunde geraume Zeit nach Clemens anzusetzen sein. Lactanz citiert ihn zuerst, so wird die Entstehung dieser Verse ins 3. Jahrhundert fallen, und wohl eher in die zweite, als in die erste Hälfte desselben. Jedenfalls ist die von einigen gehegte Ansicht, der Sibyllist wäre der erste Zeuge des Symbols, ebenso abzuweisen, wie die, dass er der Erfinder desselben ist.[1])

6. Optatus von Mileve.

.... gesta sunt omnia in dolore Dei, amare plorantis, et in ultionem aquae, quam contra interdictum iterum movistis, traducentes ad vos aquam antiquae piscinae; sed nescio an cum illo pisce, qui Christus intelligitur, qui in lectione Patriarchae Tobiae legitur in Tigride flumine prehensus, cujus fel et jecur tulit Tobias, ad tutelam feminae Sarae, et ad illuminationem Tobiae non videntis; ejusdem piscis visceribus Asmodaeus daemon a Sara puella fugatus est (quae intelligitur Ecclesia) et caecitas a Tobia exclusa est. Hic est piscis, qui in baptismate per invocationem fontalibus undis inseritur, ut quae aqua fuerat, a pisce etiam piscina vocitetur. Cujus piscis nomen secundum appellationem graecam in uno nomine per singulas literas turbam sanctorum nominum continet, $IX\Theta Y\Sigma$, quod est latinum, Jesus Christus Dei Filius Salvator. Hanc vos piscinam . . . . . transduxistis ad voluntatem vestram etc.

De schism. Donat. III, 2 (ed. du Pin, S. 48 f).

Optatus will in diesen Worten die Heiligkeit der Taufe darthun, um dadurch die Schändlichkeit der Donatisten, welche eine Proselytentaufe an schon einmal getauften Christen vollzogen, aufzuzeigen. Er nennt die Taufe — wie es scheint einem allgemeinen Sprachgebrauch folgend — die piscina,[2]) und

---

1) de Rossi, Spic. Sol. III, S. 559.

2) Diese Bezeichnung erklärt sich am besten durch die so beliebte Benennung der Apostel als Menschenfischer, und der daraus resultierenden der Christen als Fische. Denn dieselbe gestattet eine Gedankenverbindung mit der Taufe, dieser janua des Christentums, sodass das Taufwasser leicht piscina genannt werden konnte. — Die Herleitung von dem $IX\Theta Y\Sigma$-Christus ist offenbar ein Gedankenprodukt des Optatus.

knüpft an dies Wort seine weitere Auseinandersetzung, indem er es etymologisch von dem piscis - Christus ableitet. Dieser vereine sich bei der rechten Taufe durch das Gebet der Gläubigen mit dem Taufwasser, das so zu dem Namen piscina käme. Um nun diesen Fisch, in dem Christus verborgen ist, noch höher zu stellen, und dadurch eben die Taufe noch mehr zu verherrlichen, identificiert er ihn mit dem wunderthätigen Fisch des Tobias (Tob. 6 ff.). Da also diese ganze Ausführung auf die Taufe abzweckt, ist aus der Erwähnung der Taufe nicht mit Sicherheit zu schliessen, dass O. ausser der akrostichischen Beziehung auch noch die auf Christi Taufe kannte, die er dann hier in dieser Weise umgedeutet hätte. War ihm das Akrostich bekannt, so konnte er von da aus auf die Christentaufe selbständig kommen, wie er auch die Beziehung auf den Fisch des Tobias selbständig vollzieht.

7. Hieronymus.

Bonosus, ut scribitis, quasi filius $ἰχθίος$, id est piscis, aquosa petit. Nos pristina contagione sordentes quasi reguli et scorpiones arentia quaeque sectamur.

Epist. 7 (ed. Vall. Bd. 1, col. 18 f.)

Dieser Satz, wie auch die folgenden bis zu auxilium mihi sind ein Citat aus dem Briefe des Chromatius Eusebius und Jovinus, den H. hier beantwortet. Es ist dies nicht allein aus der Citationsformel ut scribitis ersichtlich, sondern auch daraus, dass in diesen Worten nur die erste Person des Plural gebraucht wird, während H. von sich selbst hier ständig in der Einzahl spricht. Über die Bekanntschaft des H. mit der Fischsymbolik lässt sich also hieraus nichts entnehmen; wenn er nicht schon vorher mit der Symbolik bekannt war, mussten ihm auch diese Worte unverständlich bleiben. Und aus dem Umstand, dass er diesen Satz in seinen Brief aufnimmt, lässt sich mit Sicherheit nicht auf ein Verständniss schliessen. — Aber auch bei Chromatius und Genossen sind diese Worte nicht original, sondern sie entnahmen dieselben aus der oben schon zweimal besprochenen Stelle Tertullians de bapt. 1.

Hieronymus.	Tertullian.
B. quasi filius *ἰχθύος* aquosa petit. Nos pristina contagione sordentes, quasi reguli et scorpiones arentia quaeque sectamur.	... quaedam de Gaiana haeresi vipera venenatissima doctrina sua plerosque rapuit ... Nam fere viperae et aspides ipsique reguli serpentes arida et inaquosa sectantur. Sed nos pisciculi secundum *ΙΧΘΥΝ* nostrum J. C. ...

Die Nebeneinanderstellung macht es unzweifelhaft, dass hier eine Herübernahme aus Tertullian stattgefunden hat. Im ersten Cap. der Schrift de bapt. passte ein solcher Vergleich der Quintilla, welche gegen die Taufe lehrte, mit den Schlangen der Wüste, und ihr gegenüber der Christen, welche an der Taufe festhalten, mit dem Fisch-Christus sehr gut; hier ist er unverhältnismässig schroff. Bonosus führte — wie wir auch sonst wissen — sein Eremitenleben auf einer Insel, Chromatius und Genossen lebten auf dem Festland — das ist der einzige Grund zu dieser Äusserung, in der sie ihn als den »Sohn des *ἰχθύς*«, sich selbst als Schlangen und Scorpionen bezeichnen. Es ist das ein so übertreibender Ausdruck, dass man, nur um ihn in diesem Zusammenhang zu verstehen, zu der Annahme eines Citats irgend welcher Art gedrängt ist. Dazu aber ist die Herübernahme eine fast wörtliche; hier finden wir auch die Ableitung des Fischnamens für die Christen von der Fisch-Christus-Symbolik, was ausser an diesen beiden Stellen nur noch in einer sogleich zu besprechenden gallischen Inschrift begegnet. — Chromatius und seine Freunde erfuhren nun aus diesem Satz Tertullians, den sie hier ausschreiben, dass *ἰχθύς* eine Bezeichnung für Christus ist; aber der Grund, weswegen diese Bezeichnung gewählt war, konnten sie daraus nicht entnehmen. Ob sie aber sonst noch mit der *ΙΧΘΥΣ*-Symbolik bekannt waren, wissen wir nicht. — Dieser Brief des Hieronymus wird von Vallarsi (praef. p. XXXVII.) in das Jahr 374 gesetzt, und sein Inhalt, sowie der der verwandten Briefe 6; 8—13 scheint mir diese Ansetzung zu bestätigen. Das Schreiben von Chromatius und Genossen wird also noch in dasselbe Jahr, oder kurz vorher fallen. — Von Wichtigkeit für uns könnte noch der Aufenthaltsort der drei sein. Hieronymus sagt, seine Wohnung wäre von der ihrigen getrennt tot interjacentibus spatiis maris atque terrarum; da H. sich damals schon in der Wüste von Chalcis (südöstlich von Antiochia) befand, werden wir seine Freunde im Occident suchen müssen. Einen bestimmteren Anhaltspunkt geben die Worte (col. 20): obsecro, ut etiam a papa Valeriano ad eam confortandam literas exigatis, woraus folgt, dass sie in der Nähe dieses Valerianus wohnten. Unter den verschiedenen Bischöfen dieses Namens[1]) kann hier nur der Bischof von Aquileja (369—389) gemeint sein. In der Umgegend von Aquileja führten also Chromatius Eusebius und Jovinus ihr Eremitenleben.[2])

Anmerkung. F. X. Kraus führt S. 243 noch zwei weitere Worte des Hieronymus bezüglich der Fischsymbolik an: »Der Fisch, welcher zuerst gefangen wurde«, sagt der h. Hieronymus, »und in dessen Munde der Zinsgroschen für die, welche ihn verlangt hatten, gefunden wurde, ist Christus, mit dessen Blute der erste Adam und Petrus, d. h. alle andern Sünder zugleich, losgekauft wurden«. — »Unter jenem Fische, der im Tigris gefangen wurde, dessen Galle und Leber Tobias nahm, um Sarah von dem Dämon zu befreien, und seinem blinden Vater das Gesicht wieder zu geben, verstehen wir Christus«. Ich habe diese Stellen sonst nirgends angeführt gefunden;[3]) Kraus bemerkt auch nicht, woher er sie hat. Ich möchte aus dem Umstande, dass diese beiden Stellen die einzigen unter den von ihm angeführten sind, welche eine Stellenangabe vermissen lassen, schliessen, dass er sie nicht aus Hieronymus selbst, sondern aus einem der älteren Katakombenschriftsteller entnahm. Ich glaube nun auf grund

---

1) cf. Herzogs Realenc. 2. Aufl. Bd. 16 S. 299.

2) Auch Vallarsi (praef. p. XXXVII) scheint dasselbe anzunehmen; auch scheint er demselben Grunde zu folgen, denn bei der Erwähnung des Valerian bemerkt er am Rande: V. Aquilejensis episc. — Chromatius war übrigens später selbst Bischof von Aquileja (cf. epist. 81, col. 512).

3) Roller: Les catacombes de Rome Bd. 1, S. 108 hat vielleicht die erste dieser Stellen im Auge, wenn er sagt: »Saint Jérôme interprétait dans le sens du fameux jeu de mots le poisson miraculeux d'où Pierre avait tiré la monnaie de l'impôt«. Er hat dann aber die oben besprochenen Worte aus dem siebenten Briefe mit unsrer Stelle vermengt. Auch er führt nicht an, wo diese Worte in den Werken des Hieronymus stehen sollen.

eifrigen Nachsuchens an der Hand der Indices sagen zu können, dass sich diese Stellen in der vollständigsten und besten Ausgabe des H., der Vallarsischen, nicht finden. Aber für die erste Stelle, welche den Fisch mit dem Stater auf Christus deutet, glaube ich die Entstehungsursache gefunden zu haben. Bd. 7, col. 136 sagt H. nämlich über diesen Fisch: Videtur autem mihi secundum mysticos intellectus iste esse piscis qui primus captus est, qui in profundo maris erat, et in falsis amarisque gurgitibus versabatur, ut per secundum Adam liberaretur primus Adam; et id, quod in ore ejus, hoc est in confessione fuerat inventum, pro Petro et Domino redderetur. Der Fisch bedeutet hiernach Adam, der in dem Meer des Bösen weilte und daraus durch Christus, den zweiten Adam, befreit wurde; der Stater ist sein Bekenntnis. Ein Missverständnis dieser Worte ist leicht möglich, da die Ausdrücke nicht ganz klar sind; und so glaube ich wegen der wörtlichen Berührungen die von Kraus angeführten Worte für eine freie Wiedergabe dieser Stelle halten zu dürfen, deren Sinn dann freilich missverstanden wurde. — Die zweite Stelle aber ist dem Hieronymus wohl nur aus Versehen beigelegt; es ist eine abgekürzte und nicht ganz wörtliche Übersetzung der soeben besprochenen Worte des Optatus: [Jener Fisch wird als Christus verstanden] qui . . . . in Tigride flumine prehensus, cujus fel et jecur tulit Tobias, ad tutelam feminae Sarae et ad illuminationem Tobiae non videntis.

8. Paulinus von Nola.

Video congregatos ita distincte per accubitus ordinari, et profluis omnes saturari cibis, ut ante oculos Evangelicae benedictionis ubertas, eorumque populorum imago versetur, quos quinque panibus et duobus piscibus panis ipse verus et aquae vivae piscis Christus explevit. Epist. 13, § 11.

Pammachius, der Adressat dieses Briefes, hatte in Rom öfter Arme gespeist. Paulinus vergleicht diese seine Wohlthätigkeit mit der Speisung der 5000 und nennt Christus bei dieser Gelegenheit panis ipse verus et aquae vivae piscis. Panis verus ist aus Joh. 6, 32 entlehnt, aqua viva nach Joh. 4, 10. 14; 7, 38; Apoc. 7, 17; fraglich ist nur, woher P. die Bezeichnung Christi als piscis hat. Es ist möglich, dass dies Willkür von ihm ist. Er will hier in den Speisen, die Christus austeilte, ihn selbst wiederfinden. Für das Brot bot sich ihm eine Schriftstelle dar; und so wäre es denkbar, dass er sich, um dieselbe Beziehung beim Fisch herzustellen, mit dem »lebendigen Wasser« von Joh. 4 begnügte, und, darauf fussend, die Deutung des Fisches auf Christus selbst vollzogen hätte. Andrerseits aber lautet der Ausdruck so bestimmt, dass es mir bei unbefangener Betrachtung näher zu liegen scheint, dass P. sich hier auf eine allgemein bekannte Symbolik beruft. Freilich — warum er Christus den Fisch nennt, und ob ihm überhaupt ein Grund dieser Symbolik bekannt war, darüber bleiben wir im unklaren. Doch dürfen wir wohl in der Erwähnung der aqua viva eine Reminiscenz an die früher bei dem Fischsymbol übliche Bezugnahme auf die Taufe Christi sehen, da dieser Zusatz sonst schlechthin phrasenhaft wäre. — Auch hier könnte wieder die Datierung von Wichtigkeit sein. Migne (s. l. Bd. 61, S. 78) giebt an, dieser Brief sei gegen Ende des Jahres 397 geschrieben. Denn P. tröste hier Pammachius über den Verlust seiner Gattin Paulina, und diese sei nach Hieron. Histor. § 107 im Winter dieses Jahres gestorben. Der Brief sei also möglichst nahe nach diesem Zeitpunkt anzusetzen; ausserdem gehe aus andern Stellen desselben hervor, dass er noch in demselben Winter geschrieben sei.

9. Die Pektorios-Inschrift von Autun.

Am 24. Juni 1839 wurden auf dem Kirchhof Saint-Pierre l'Estrier bei Autun sieben Fragmente einer griechischen Grabinschrift gefunden. Da zwei umfangreiche Stücke derselben fehlen, und die vorhandenen Lettern auch nicht immer deutlich zu erkennen sind,[1]) rief sie bald eine Reihe von Abhandlungen und selbst Monographieen hervor, die mit zumteil sehr abweichenden Resultaten ihres rätselhaften Inhalts habhaft zu werden suchten. Alle diese Forschungen[2]) hat schliesslich Otto Pohl in seiner Schrift: »Das Ichthysmonument von Autun« (Berlin 1880) mit Geschick kritisiert und zusammengefasst. Er glaubt folgenden Wortlaut als den ursprünglichen feststellen zu können[3]):

---

1) cf. die Facsimilia bei Pohl; Kraus, Taf. 12, 1; Le Blant: Inscriptions chrétiennes de la Gaule Bd. I, pl. 1, 1.

2) Er übersieht übrigens die Bemerkungen Alexandre's: Orac. Sibyll. II, S. 338 ff., die mir deswegen als beachtenswert erscheinen, da A. den Marmor selbst vor Augen hatte.

3) Angesichts dieser Arbeit leuchtet freilich ein, was V. Schultze: Ztschr. f. K.-G. Bd. 5, S. 456 sagt, dass eine zuverlässige Restitution des Monuments nicht möglich zu sein scheine.

Ἰχθύος οὐρανίου θεῖον γένος, ἤτορι σεμνῷ
Χρῆσε, λαβών¹) πηγὴν ἄμβροτον ἐν βροτέοις
Θεσπεσίων ὑδάτων. τὴν σὴν, φίλε, θάλπεο ψυχήν
Ὕδασιν ἀενάοις πλουτοδότου σοφίης
5 Σωτῆρος ἁγίων μελιήδεα λάμβανε βρῶσιν,
ἔσθιε πινάων, ἰχθὺν ἔχων παλάμαις. —
ἰχθύι χόρταζ' ἄρα, λιλαίω, δέσποτα σῶτερ.
εὖ εὕδοι μήτηρ, σὲ λιτάζομε, φῶς τὸ θανόντων. —
Ἀσχάνδιε πάτερ, τ'ωμῷ κεχαρισμένε θυμῷ,
10 σὺν μητρὶ γλυκερῇ καὶ ἀδελφειοῖσιν ἐμοῖσιν,
ἰχθύος εἰρήνῃ σέο μνήσεο Πεκτορίοιο.

Die Inschrift besteht deutlich aus zwei Teilen, deren erster die 6 ersten, deren zweiter die 5 letzten Verse umfasst; und diese Teile rühren von verschiedenen Dichtern her — das scheint mir Pohl S. 20 nachgewiesen zu haben. Zwar das Akrostich *ΙΧΘΥΣ* darf nicht als Grund hierfür angeführt werden, da es nur die ersten 5, nicht aber auch den ohne Frage zum ersten Teil gehörigen Vers 6 mit zusammenfasst. Wenn aber der Dichter den 5 akrostichischen Versen noch einen nicht-akrostichischen anhängte, so ist nicht einzusehen, warum er nicht noch 5 ebensolche hinzufügen konnte; es kam ihm offenbar bei dem Akrostich nur darauf an, den *ΙΧΘΥΣ* auszuzeichnen. Aber einer der von Pohl beigebrachten Gründe, der Unterschied des Rhythmus (im ersten Teil Distichen, im zweiten Hexameter), scheint mir hierfür durchschlagend zu sein. Auch ist der Unterschied des Inhalts der Teile höchst auffallend. In den ersten Versen werden die Christen ermahnt, sich des Heils zu bedienen, das in Gestalt eines unsterblichen Quells göttlicher Wasser und eines Fisches zu ihnen gekommen sei. Denn das Wasser bedeutet die Taufe und auch das Gotteswort, der Fisch erscheint im Abendmahl; und seinetwegen heissen die Christen das »Geschlecht des Fisches«. Dunkel und geheimnisvoll, wie ein alter Orakelspruch, tönen diese Worte. Sie sind als Citat vorangestellt. Im folgenden eignet sich der überlebende Pektorios, der den Stein setzt, den letzten Gedanken des vorigen

---

1) Dies λαβων statt λαβον, wie es richtiger hiesse, wird sich am einfachsten als Versehen des Steinmetzen erklären lassen.

an: er fleht Christus an, ihn mit dem Fische zu sättigen, und
der verstorbenen Mutter eine sanfte Ruhe zu gewähren. Schliesslich bittet er den Vater die Mutter und die Brüder, seiner zu
gedenken. Bei dieser Sachlage — die immer dieselbe bleibt,
bei allen den vorgeschlagenen Restitutionen — ist es die wahrscheinlichste Annahme, dass Pektorios die ersten Verse allgemeineren Inhalts, welche nur notdürftig mit dem übrigen, persönlichen Inhalt der Grabschrift in Verbindung gebracht werden,
aus einem bekannteren Gedicht entnahm. Pohl (S. 21) meint,
es sei ursprünglich eine liturgische Formel, V. Schultze,[1]) es sei
der Rest eines alten Hymnus; jedenfalls entstammen diese Verse
einer Literaturgattung, welche mit den Sibyllinen in nächster
Verwandtschaft steht. — Über die Datierung der Inschrift gehen
die Ansichten der Forscher auffallend auseinander. Einige setzen
sie in das Zeitalter der Antonine, Pitra Secchi und Garrucci
in die erste Hälfte des dritten, Fr. Lenormant und Le Blant in
den Anfang des vierten Jahrhunderts. Da aber Kirchhoff[2]) sie
ins vierte oder fünfte Jahrhundert setzt, und auch F. X. Kraus
(S. 249) bemerkt: »In der That weisen die technische Ausführung der Inschrift, die langgestreckten, wenig vertieften Buchstaben, die Form einzelner Charaktere entschieden auf eine ziemlich vorgerückte Decadenz und lassen selbst an das fünfte Jahrhundert denken«,[3]) so dürfte es das Richtige sein, sie etwa um
das Jahr 400 anzusetzen. Andrerseits hat man sich bemüht,
wenigstens für den ersten Teil der Inschrift ein höheres Alter
zu retten, und es ist jetzt allmählich allgemein anerkannte Tradition geworden, ihn in das Zeitalter des Irenäus zu verlegen.[4])
Aber ein Grund dafür ist noch nicht beigebracht worden. Denn
das von Pohl vorgeführte Argument, dass Irenäus die Lehre

---

1) Theol. Ltztg. 1881, Sp. 207 f.; Katak., S. 119.

2) Corp. inscr. Graec. Bd. 4, n. 9889.

3) Auffallenderweise verlegt Kr. auf der vorhergehenden Seite die
ganze Inschrift ins dritte Jahrhundert. — Auch ist offenbar die Inschrift
nicht dem verstorbenen Pektorios gesetzt, wie Kr. dort sagt, sondern der
überlebende P. setzte sie seinen Eltern und Geschwistern.

4) De Rossi: R. S. II, S. 337; Kraus S. 249; Pohl S. 21; auch
V. Schultze lehnt diese Ansicht Katak. S. 119 wenigstens nicht ab.

von der Auferstehung gegen den Gnosticismus verteidigt habe, und dass derselbe auch eine Beziehung zwischen dem Abendmahl und der Auferstehung hergestellt habe, könnte selbst dann wenig besagen, wenn in diesen Versen auch die Auferstehung als durch den Genuss des Abendmahls verbürgt hingestellt würde; aber auch das ist mit keinem Wort der Fall. So muss zwar die Möglichkeit offen gelassen werden, dass dies Fischgedicht aus älterer Zeit stammt als die Grabschrift, aber beweisen lässt es sich nicht. — Die Vorstellung der ersten 6 Verse von der Symbolik des Wassers und des Fisches ist höchst eigentümlich und zum Teil einzigartig. Das Wasser wird hier nicht mit dem Fisch zusammengefasst. Es wird nicht gesagt, dass der Fisch aus diesem Quell stammt, und es wird auch nicht im Interesse der Fisch-Christus-Symbolik gedeutet, sondern es bedeutet hier das Sacrament der Taufe. Denn unter der $\pi\eta\gamma\grave{\eta}$ $\check{\alpha}\mu\beta\varrho o\tau o\varsigma$ $\vartheta\varepsilon\sigma\pi\varepsilon\sigma\acute{\iota}\omega\nu$ $\acute{\upsilon}\delta\acute{\alpha}\tau\omega\nu$,[1]) welche die Christen schon empfangen haben, kann nur die Taufe verstanden werden. Derselbe Quell bedeutet aber auch die $\pi\lambda o\upsilon\tau\acute{o}\delta o\tau o\varsigma$ $\sigma o\varphi\acute{\iota}\alpha$, also das Gotteswort oder ähnliches; er fliesst nicht nur einmal für den Christen, sondern er hat $\ddot{\upsilon}\delta\alpha\tau\alpha$ $\acute{\alpha}\acute{\varepsilon}\nu\alpha\alpha$. Der Fisch aber ist die $\mu\varepsilon\lambda\iota\eta\delta\grave{\upsilon}\varsigma$ $\beta\varrho\tilde{\omega}\sigma\iota\varsigma$ der Christen im Abendmahl, ebenso wie schon auf dem Aberkios-Epitaph. Wir haben hier also in dem Bilde des Wassers und des Fisches nicht nur eine Zusammenfassung der beiden Sacramente, der Taufe und des Abendmahls, sondern durch die zweite Deutung des Wassers auf die $\pi\lambda o\upsilon\tau\acute{o}\delta o\tau o\varsigma$ $\sigma o\varphi\acute{\iota}\alpha$ sind überhaupt alle göttlichen Einwirkungen auf die Christenheit in diesem Bilde untergebracht. — Aus dem Akrostich $IX\Theta Y\Sigma$ der ersten 5 Verse scheint hervorzugehen, dass dem Dichter auch das Akrostich bekannt war. — Man kann in der That zweifelhaft sein, ob man diese Behandlung, die hier dem Wasser zuteil wird, als eine Umdeutung der ursprünglichen Symbolik, die darin Christi Taufe sah, erkennen

---

[1]) Von dem Worte $\pi\eta\gamma\acute{\eta}\nu$ ist nur der letzte Buchstabe erhalten. Pitra Borret Leemans Lenormant Rossignol und V. Schultze halten $\zeta\omega\acute{\eta}\nu$ für passender, dagegen entscheiden sich Franz Windischmann Wordsworth Dübner Garrucci Kirchhoff und Pohl für $\pi\eta\gamma\acute{\eta}\nu$, was ich auch aus den von diesen beigebrachten Gründen für wahrscheinlicher halte.

will, oder ob man sie als selbständige Zuthat des Dichters zu der Fischsymbolik betrachten will, von der ihm wahrscheinlich die akrostichische, jedenfalls die eucharistische Bedeutung bekannt war. Ich möchte mich eher für das Letztere entscheiden.

10. Augustin (I.).

Im 13. Buch der Confessionen giebt Augustin vom 15. Kapitel an eine allegorische Deutung der Schöpfungsgeschichte Gen. 1, 6 ff. Das Firmament erklärt er als die heilige Schrift, welche als unverrückbare Autorität über allen Menschen steht. Der Himmel bedeutet die heiligen Männer, durch welche die h. Schrift vermittelt wurde; das Wasser über dem Firmament sind die Engel, die über die Autorität der h. Schrift erhaben sind, da sie Gott von Angesicht zu Angesicht schauen. Die congregatio aquarum ist die ungläubige Welt (c. 17); das feste Land sind die Gläubigen, die durch süsses Wasser von oben her getränkt werden, und allerlei Früchte, nämlich mancherlei gute Werke, hervorbringen können. Durch diese guten Werke (c. 18) erheben sich die Gläubigen über die Erde, hinauf zum Firmament der h. Schrift, und durch Betrachtung derselben werden sie die Lichter am Firmament. Die Einen von ihnen gleichen da der Sonne, sie haben den sermo sapientiae, die Anderen haben den sermo scientiae und gleichen so dem Monde, die dritten besitzen andere, geringere Gaben und sind so den Sternen gleich. Durch Gottes Wort (c. 20) bringt das Meer die grossen Wassertiere und die Vögel hervor. Es sind das die mystica facta et dicta Gottes, welche in der ungläubigen Welt wirksam sind. Das Meer erzeugt sie; denn, wäre die Welt nicht böse, so brauchte Gott nicht auf diese Weise zu wirken. Die Erde (c. 21) aber erzeugt die lebendige Seele. Diese bedarf nicht mehr der Taufe, denn sie gehört schon Gott an, auch nicht mehr der magnalia mirabilium und der Boten Gottes, denn sie hat schon den Glauben,

»quamvis piscem manducet levatum de profundo in ea mensa quam parasti in conspectu credentium; ideo enim de profundo levatus est ut alat aridam.«

Conf. XIII, 21 (ed. v. Raumer, S. 364).

Im 23. Kapitel bemerkt Augustin, zu Gen. 1, 26, in welchem Gott den Menschen zum Herrn der Schöpfung einsetzt:

»Iudicat enim; et approbat quod recte, improbat autem quod perperam invenerit; sive in ea solemnitate sacramentorum quibus initiantur, quos pervestigat in aquis multis misericordia tua; sive in ea qua ille piscis exhibetur, quem levatum de profundo terra pia comedit.«

(a. a. O. S. 367 f.)

Es kann nicht zweifelhaft sein, dass A. unter der mensa, quam parasti in conspectu credentium das Abendmahl versteht; das wird auch durch die fast gleichlautenden Worte c. 23 bestätigt. Aus dem Gedankenzusammenhang, den wir eben wiedergaben, folgt, dass A. auf diese Vorstellung von dem Fische nicht durch seine allegorische Erklärung der Schöpfungsgeschichte geführt wurde. — Die Worte, mit welchen er sie einführt, sind nur verständlich durch die eucharistische Fischsymbolik, die wir aus den Inschriften des Aberkios und Pektorios kennen lernten. Es war eine gebräuchliche Vorstellung, den in den Abendmahlselementen gegenwärtigen Christus als Fisch zu bezeichnen; und hierauf spielt A. hier an. Es ist auch nicht zufällig, dass er diesen Fisch an beiden Stellen bezeichnet als levatus de profundo. Das ist kein bedeutungsloses Epitheton, sondern ein wesentlicher Bestandteil der ursprünglichen Symbolik. Der Ausdruck lautet freilich zu allgemein, als dass er bestimmt auf die Taufe Christi gedeutet werden müsste, wenn wir diese Stelle allein zu betrachten hätten. Augustin fügt diese Bestimmung nur bei, um diesen wesentlichen Bestandteil der Symbolik, die ihm überliefert war, nicht auszulassen.

11. Augustin (II.).

Haec sane Erythraea Sibylla quaedam de Christo manifesta conscripsit; quod etiam nos prius in latina lingua versibus male latinis et non stantibus legimus, per nescio cujus interpretis imperitiam, sicut post cognovimus. Nam vir clarissimus Flaccianus, qui etiam proconsul fuit, homo facillimae facundiae multaeque doctrinae, cum de Christo colloqueremur, graecum nobis codicem protulit, carmina esse dicens Sibyllae Erythraeae, ubi ostendit quodam loco in capitibus versuum ordinem literarum ita si habentem, ut haec in eo verba legerentur: *Ἰησοῦς Χρειστὸς θεοῦ υἱὸς σωτήρ*, quod est latine, Jesus Christus Dei Filius Salvator. Hi autem versus, quorum primae literae istum sensum, quem diximus, reddunt, sicut eos quidam latinis et stantibus versibus est interpretatus, hoc continent:

1.   Iudicii signum tellus sudore madescet.
                    etc. etc.
27.   Recidet e coelis ignisque et sulphuris amnis.

. . . . Denique si literas, quae sunt in capitibus omnium versuum connectentes, horum trium quae scriptae sunt non legamus, sed pro eis *Y* literam, tamquam in eisdem locis ipsa sit posita, recordemur, exprimitur in quinque verbis, Jesus Christus Dei Filius Salvator; sed cum graece hoc dicitur, non latine. . . . Horum autem graecorum quinque verborum, quae sunt *Ἰησοῦς Χρειστὸς θεοῦ υἱὸς σωτήρ*, quod est latine, Jesus Christus Dei Filius Salvator, si primas literas jungas erit *ἰχθύς*, id est, piscis, in quo nomine mystice intelligitur Christus, eo quod in hujus mortalitatis abysso velut in aquarum profunditate vivus, hoc est, sine peccato esse potuerit.

De Civ. Dei XVIII, c. 23. (ed. Dombart II, S. 248 f.)

Also A. hatte diese sibyllinischen Verse schon früher gekannt, aber in schlechter lateinischer Übersetzung und in versibus non stantibus; dass sie das Akrostich enthielten, war ihm so unbekannt geblieben. Darauf hatte ihn erst vor nicht allzu langer Zeit Flaccian aufmerksam gemacht, indem er ihm »die Weissagungen der Erythräischen Sibylle« in einem griechischen Codex (der also wahrscheinlich das ganze 8. Buch der Sibyllinen, oder noch mehr enthielt) zeigte. Und dies Akrostich giebt hier A. in lateinischer Übersetzung wieder. Es ist dies aber nicht dieselbe Übersetzung, die er schon früher kannte, denn er bezeichnet sie als latinis et stantibus versibus abgefasst. Diese giebt aber nur die 27 ersten Verse des griechischen Originals wieder, und A. kennt auch nur diese; denn er legt gerade Wert auf die Zahl 27, weil sie der Cubus von 3 ist.[1]) Wir

---

[1]) et sunt versus viginti et septem, qui numerus quadratum ternarium solidum reddit. Tria enim ter ducta fiunt novem. Et ipsa novem si ter ducantur, ut ex lato in altum figura consurgat, ad viginti septem perveniunt.

können hier also konstatieren, dass eine lateinische Übersetzung des Sibyllinischen Akrostichs im Umlauf war, die nur 27 Verse umfasste. — Dass die fünf Worte 'Ιησοῦς etc. ihrerseits wieder das Akrostich ΙΧΘΥΣ enthalten, fügt hier A. in einer Weise an, dass man sieht, es war ihm dies nicht erst durch Flaccian mitgeteilt worden. — Bemerkenswert ist, dass A. in den letzten Worten eine sachliche Beziehung zwischen dem Fisch und Christus — nicht etwa die formale, akrostichische — als Grund für die Symbolik angiebt: wie der Fisch im Wasser lebe, in dem andere Wesen untergingen, so sei Christus hier auf dieser Welt des Bösen ohne Sünde geblieben. Nach dem, was wir bis jetzt sahen, werden wir dies als eine Umdeutung der ursprünglichen Symbolik, bei der sich auch an die Wassernatur des Fisches das Interesse an die Symbolik knüpfte, zu verstehen haben. Augustin wusste dies, deutete aber die alte Form, die ihm so nicht mehr brauchbar erschien, um. Interessant ist aber, dass er dennoch das Gewicht auf diese Seite der Symbolik legt, obwohl er die ursprüngliche christologische Vorstellung in einen mageren Vergleich umgeändert hat.

12. Augustin (III).

Piscis assus Christus est passus. Ipse est et panis qui de caelo descendit. Huic incorporatur ecclesia ad participandam beatitudinem sempiternam.

In Joh. Evang. Tract. 123.
(ed. Benedict. Bd. 3, 2. col. 815.)

Diese Worte geben die Erklärung zu dem Mahle der Jünger Joh. 21. Für ihr Verständnis im Zusammenhang der Darstellung in Tract. 122 und 123, welche den Fischzug und das Mahl Joh. 21 behandelt, erscheint es vor allem wichtig, auf die Bedeutung, welche das Wort sacramentum hier hat, einzugehen. Denn als sacramentum bezeichnet Augustin diese Erzählung. Col. 811 beginnt er die eigentliche Erklärung von V. 3—11 mit den Worten: Hoc est magnum sacramentum in magno Johannis Evangelio; et ut vehementius commendaretur, loco ultimo scriptum. Und kurz nach der oben angeführten Stelle heisst es: ut omnes qui hanc spem gerimus per illum septenarium numerum discipulorum . . . . . tanto sacramento nos communicare nossemus, et eidem beatitudini sociari. Man könnte auf grund dieser Beispiele geneigt sein, sacramentum in prägnanter Bedeutung = Abendmahl zu fassen. Und so scheinen diese Stellen in der That von den bisherigen Erklärern[1]) aufgefasst zu sein, sodass die oben angeführten Worte für die sacramentale Fischsymbolik und daher auch für die Interpretation von Katakombenmalereien im weitesten Umfang verwertet worden sind. Im Tract. 122 aber kommt das Wort sacramentum noch zweimal vor. Col. 811 (4) heisst es: ut . . . . ipsum Evangelium tanto sacramento, quod erat de numero piscium commendaturus augeret. A. nimmt in diesen Worten schon im voraus Bezug auf die allegorische Spielerei, die er im folgenden (col. 813 f.) mit der Zahl 153, der Anzahl der gefangenen Fische, anstellt. Er giebt dort zwei Deutungen der Zahl an. In der ersteren führt er 153 auf die Zahl 17 zurück, da $17 + 16 + 15$ u. s. f. bis $1 = 153$ ist. 17 aber ist $= 10 + 7$. 10 bedeutet das Gesetz wegen der 10 Gebote, 7 aber wegen der Heiligung des siebenten Tages (Gen. 2, 3), des siebenfachen Geistes in Jes. 11, 2 f., und wegen der sieben Geister Gottes (Ap. 3, 1) den heiligen Geist. So ist 17 die Summe des Gesetzes und der Gnade, des Buchstabens und des Geistes, das Evangelium. Die zweite Allegorie mit 153 ist durchaus ähnlich; wir dürfen sie hier aber wohl auslassen. Dies eine Beispiel wird genügen, um zu zeigen, was A. hier unter sacramentum versteht. Natürlich ist dabei seine Ansicht nicht die, dass er diese Allegorie erst bilde, sondern vielmehr die, dass Christus dadurch, dass er die Apostel 153 Fische fangen liess, eine Wahrheit in geheimnisvoller Form hinterlassen wollte, die aufzudecken den Gliedern der Kirche vorbehalten blieb. Ferner findet sich das Wort sacramentum noch ganz am Anfang unsrer Darstellung, col. 809 (1): narratur hic . . . quemadmodum . . . Dominus . . . commendaverit Ecclesiae sacramentum, qualis futura est ultima resurrectione mortuorum. Die Bekanntmachung mit dem Zustand, in dem sich die Kirche am Ende der Dinge befindet, heisst hier sacramentum. Wollen wir auf grund dieser beiden Stellen, wo die Bedeutung nicht zweifelhaft sein kann, eine Übersetzung von

---

1) De Rossi: Spic. Sol. III, S. 569; Kraus S. 246 f.

sacramentum geben, so würde diese etwa: »etwas geheimnisvoll Geoffenbartes« lauten. Da in diesen Fällen die Bedeutung klar ist, und kein Grund zu der Annahme vorhanden ist, dass A. in den oben angegebenen, uns zuerst zweifelhaften Stellen eine andere Bedeutung im Sinne hat, müssen wir auch wohl diesen allgemeineren Begriff dort einsetzen. Erst dadurch ordnen sie sich aber dem Gedankengang der ganzen Darstellung unter. — A. sieht in der ganzen Erzählung eine Darstellung der Ecclesia qualiter in saeculi fine futura est. Doch benutzt er den biblischen Text nicht etwa in der Weise, dass er von da aus zu einer Erkenntnis über das Wesen und den Bestand dieser Kirche am Ende der Zeiten zu gelangen sucht, sondern er begnügt sich damit, durch alle einzelnen Züge die Richtigkeit seiner Gesamtauffassung zu beweisen, indem er sie geistreich und geschickt entsprechend umdeutet. Es genügt ein Beispiel, um dies deutlich zu machen. Darauf, dass die hier beschriebene Handlung am Ende der Zeiten stattfindet, deutet ihm die Siebenzahl der Jünger, ferner der Umstand, dass Jesus am **Ufer** stand, endlich der Zug, dass Petrus das Netz ans **Land** zog. Und so durchgängig; auch an unsrer Stelle. Die Teilnehmer an dieser Seligkeit am Ende der Zeiten sind natürlich alle Christen, daher sagt er über die Siebenzahl der Jünger: per quem potest hoc loco nostra universitas intelligi figurata, und findet eine weitere Bestätigung zu dieser Erweiterung in der Aufforderung Christi an die Apostel, von ihren eigenen Fischen zu den auf dem Roste liegenden herzuzubringen. Eine nicht geringe Schwierigkeit aber mussten ihm Fisch und Brot machen, wenn sie auch eine solche Bestätigung für seine Allegorie abgeben sollten. Beim Brote hilft er sich mit Joh. 6, 33, wo Christus sich selbst das Brot nennt, der Fisch wird mit dem Worte abgefertigt: Piscis assus Christus est passus. So findet er in beiden Speisen nur eben Christus selbst dargestellt, und diesen bringt er mit dem Ganzen in Zusammenhang durch den allgemeinen Satz: huic incorporatur Ecclesia ad participandam beatitudinem sempiternam. Diese Verbindung trägt deutliche Spuren der Notlage, in der sich A. hier befand, denn sie ist etwas schief. Das Einswerden mit Christus geht dem ewigen Leben doch voraus, und ist nicht gleichzeitig, wie das Mahl mit dem Genuss der Speisen; A. sagt daher auch: ad participandam b., und nicht etwa: in participanda b. — Soviel über das Verhältnis des piscis-Christus zu dem sacramentum, wie es hier vorliegt. A. kannte das Akrostich von ἰχϑύς; das wissen wir aus der oben besprochenen Stelle De Civ. Dei XVIII, 23. Aber ob er es kannte oder nicht — jedenfalls verwendet er hier diese Kenntnis nicht. Es kommt ihm hier auf eine innere, sachliche Beziehung zwischen Fisch und Christus an; und diese stellt er in diesem Satze her. Es ist der Vergleich zwischen dem Leiden Christi und dem Feuer, an dem der Fisch gebraten wird, den er hier in einem Wortspiel zum Ausdruck bringt. Bei der Sachlage, wie wir sie soeben schilderten, konnte er diesen Satz sehr wohl niederschreiben, ohne von der Fischsymbolik auch nur das Geringste zu wissen.

Eine pseudo-Augustinische Stelle werde ich unter n. 18 noch besprechen.

13. Severianus.

G. Bottari hat im dritten Bande seines Werkes: Sculture e pitture etc., S. 30—32 eine Predigt abgedruckt mit der Überschrift: »Sermo sancti Severiani episcopi.« Er entnahm sie aus dem cod. Vatic. 276. membr. in 8, p. 1. Es ist dies eine lateinische Abendmahlspredigt über das erste Speisungswunder (Mt. 14, 14 ff. und Par.) Bottari vermutet, sie sei ein Werk des Bischofs von Gabala in Syrien (nach Gams: c. 400—403); und diese Vermutung scheint wahrscheinlich, da Gennadius (De viris illustr. c. 21) über diesen berichtet, er sei in homiliis declamator admirabilis gewesen. Es wäre dann der uns vorliegende Text eine lateinische Übersetzung einer der Homilien dieses Severianus; denn der syrische Bischof, der auch häufig in Constantinopel predigte (cf. Gennadius a. a. O.), wird nur griechische Schriften hinterlassen haben. Der Bottarische Text aber giebt dieser Vermutung keine Stütze. Es bleibt dann nur eine doppelte Möglichkeit über dessen Persönlichkeit bestehen: entweder er war ein lateinischer Severianus, oder aber er ist anonym, und man schrieb später diesen sermo dem berühmten Syrer zu. Soweit ich zu urteilen vermag, scheint mir nun letzteres der Fall zu sein. Denn in Potthasts Bibliotheca (Suppl. S. 247) sind vier Sancti Severiani angegeben, welche Bischöfe waren; der Erste ohne Angabe seines Bischofsitzes, der Zweite als ep. Gabalitanus, der Dritte als Neapolitanus, der Vierte als Scythopolitanus. Der Erste ist bei Gams nicht aufzufinden; der Zweite, Bischof von Mimatum Gabalorum in Gallien scheint nur eine mythische Persönlichkeit zu sein, da man von ihm nichts weiss als seinen Heiligentag, und vor allem die Gleichnamigkeit mit dem Bischof des andern Gabala in Syrien verdächtig ist. Einen Severianus in Neapolis aber kennt Gams in keiner der Städte dieses Namens, und der Vierte, aus Scythopolis († 452), ist ein Grieche. Mein Bemühen, einen historischen Severianus zu finden, dem diese Predigt zugeschrieben werden könnte, war also vergeblich. — Wichtiger als der Verfasser aber ist die Datierung dieses Sermo. Ich glaube dafür wenigstens einen terminus a quo gefunden zu haben. Die Erklärung des Textes ist hier nämlich dieselbe, wie wir sie oben bei allen Vätern des 4. und 5. Jahrhunderts, welche die Speisungsgeschichten behandeln, fanden: durch eine Symbolik der im Text sich findenden Zahlen. Die fünf Brote bedeuten den Pentateuch, die zwei Fische sind das Königsamt und Priesteramt in Israel. Aber unser Autor fährt fort: beide Ämter seien in Christus erst vollendet, und so sei Christus unter den beiden Fischen zu verstehen. Mit der Fischsymbolik hängt diese Deutung trotz der äusseren Übereinstimmung nicht zusammen; aber sie ist auffallend, da sie, soweit ich sehe, in dieser Weise nur noch bei einem Schriftsteller vorkommt: bei Augustin, der De Div. quaest. LXI, I, 2 genau denselben Gedanken bringt. Bedenken wir nun, dass in dieser Zahlensymbolik überhaupt die Väter von einander abhängig sind, und bedenken wir ferner, dass nur Augustin und unser Anonymus dieselbe Deutung bringen, so wird es immerhin wahrscheinlich sein, dass er sie aus Augustin entnahm, er also nach Augustin anzusetzen ist. Denn man wird Augustin eher zutrauen dürfen, dass er diesen neuen Gedanken selbst fand, als dass er ihn aus einem, jedenfalls wenig berühmten Autor ausschrieb; bei Pseudo-Severianus aber liegt die Sache umgekehrt. Wie lange Zeit nach Augustin er lebte, lässt sich leider in keiner Weise ermitteln.

Die Worte, welche uns hier angehen, bilden die Paraphrase zu dem Segen Christi über die beiden Fische. Sie lauten:

Piscis consecrat pisces. Si enim Christus non esset piscis, numquam a mortuis surrexisset.

a. a. O. S. 31.

Die Worte geben nur dann einen Sinn, wenn man mit Pitra (S. 525)[1]) das piscis als die akrostichische Auflösung von ἰχϑύς versteht, sodass also hier die Auferstehung Christi auf seine Gottessohnschaft und seine Eigenschaft als Heiland zurückgeführt wird.

14. Eucherius.

Pisces sancti. Interdum peccatores. In Evangelio: »Et traxerunt plenum rete piscibus magnis.« Item in malam partem: »Malos autem foras miserunt.« Rursus piscium nomine fides non ficta exprimitur. Quemadmodum enim . . . . Piscis autem assus passionem significat.

Form. spirit. intell. c. 4.
(Max. Bibl. P. P. Lugdun. Bd. VI, S. 831).

In den formulae spiritalis intelligentiae, dieser Zusammenstellung allegorischer Erklärungen zu den Ausdrücken der h. Schrift, spricht Eucherius über den Fisch in dieser Stelle. Er giebt eine vierfache Möglichkeit der Deutung an: 1. Pisces sancti; als Beispiel hierfür führt er den Fischzug der Apostel Joh. 21, 11 an. 2. Pisces peccatores; so erklärt er Mt. 13, 48. 3. Piscis fides non ficta knüpft er an die Wassernatur des Fisches an. 4. Piscis assus passionem significat. — In der Chronologia Sanctorum et . . . . Insulae Lerinensis des Vinc. Barralis Salernus, welche ebenfalls einen Teil der Werke des Eucherius enthält, findet sich diese Stelle nur bis foras miserunt; die Deutungen 3. und 4. fehlen also. Ich glaube nun den Nachweis führen zu können, dass die Chronologia den ursprünglichen, die Lugdunensis einen interpolierten Text - wie im allgemeinen, so auch an dieser Stelle — bietet, sodass also diese Stelle aus unsrer Betrachtung zu streichen ist, da sie jedenfalls erst nach dem 5. Jahrhundert hinzugefügt wurde. Doch würde dieser Nach-

---

1) Ebenso nach ihm alle andern, welche diese Stelle heranziehen.

weis den Rahmen dieser Arbeit bei weitem überschreiten; ich glaube ihn daher hier auslassen zu müssen.¹)

15. Chrysologus.

Adjecit aliam similitudinem. »Numquid pro pisce serpentem dabit illi?« Erat et piscis Christus, Jordanis levatus ex alveo, qui carbonibus impositus passionum, post resurrectionem suis, id est discipulis, escam praebuit tunc vitalem; sed Iudaeis in serpentem piscis iste commutatur, dicente Domino: »Sicut Moyses exaltavit serpentem in eremo, ita exaltari oportet filium hominis.« Iudaeus in serpente videbat Christum, quia impius oculus Deum videre non potest; non potest videre pietatem.
Sermo 55.

Der 55. Sermo des Chr. handelt über Lc. 11, 11—13. Die obige Erklärung giebt er zu der zweiten Hälfte des 11. Verses. Im vorigen hatte er Christus in dem Brote gesehen, hier sieht er ihn in dem Fische. Er führt seinen Satz: erat et piscis Christus weiter aus, indem er auf die Taufe Christi und — in etwas dunkeln Worten — auf Joh. 21 verweist.²) Das ist gewiss, dass Chr. die Fische dort auf Christus deutet, und also die sieben Jünger Christum essen lässt. Die Fische erscheinen gebraten — Christus war ja auch durch Leiden hindurchgegangen; Christus war aber damals schon auferstanden — deshalb ist den Jüngern diese Fischspeise eine esca vitalis.³) Es lässt sich nicht verkennen, dass durch diese Deutung und durch diese Ausdrucksweise der Gedanke des Abendmahls hart gestreift wird; aber es ist doch zweifelhaft, ob Chr. selbst daran gedacht hat. Es scheint mir vielmehr, als ob er hier nicht über das hinausdächte, was er deutlich sagt, und sich damit begnügte, in diesem Satze die Schicksale, welche Christus vor jener Speisung

---

1) Ich glaube dies umso eher hier unterlassen zu dürfen, da auch der von Pitra in den Anal. sacra Bd. II, S. 484 ff. herausgegebene Eucheriuscodex des 6. Jahrhunderts die kürzere Lesart bietet (a. a. O. S. 522).

2) Diese Worte sind wohl durch Augustins Tract. in Joh. 123 beeinflusst, wo zuerst der Vergleich zwischen dem Kohlenfeuer und dem Leiden Christi begegnet; die Berufung auf die Taufe Christi ist uralt, wir fanden sie schon bei Tertullian und Aberkios.

3) Die Worte klingen an Joh. 6, 51 ff. an.

Joh. 21 durchgemacht hatte: das Leiden und die Auferstehung, an dem Fische zu exemplificieren, indem er sagt, dass derselbe zwar carbonibus impositus, aber doch eine esca vitalis gewesen sei. Schwerlich würde auch das tunc bei vitalis stehen, wenn es Ansicht des Chr. wäre, dass jenes Mahl ein Typus der Eucharistie sei.

16. Orientius.

In ihrer Ausgabe der Werke des Orientius, im 5. Bande des Thes. nov. anecdot. col. 40 f. haben Martène und Durand zuerst ein kleines, fünf Distichen umfassendes Gedicht »De epithetis salvatoris nostri« veröffentlicht. Es enthält lauter Beinamen Christi; fast alle natürlich aus dem A. oder N. T. genommen. Vers 8 heisst:

Hostia lex ratio virga piscis aquila.

Lucian Müller[1]) hat darauf aufmerksam gemacht, dass durch eine Umsetzung der Wörter dieser Pentameter leicht von seinen prosodischen Fehlern zu befreien ist. Er nimmt daher eine schlechte Überlieferung desselben an, und schlägt folgende Reihenfolge vor:

Lex ratio piscis hostia virga aquila
oder
Piscis lex ratio hostia virga aquila.

Col. 43 ff. folgt bei Martène-Durand die »Explanatio nominum Domini«, eine Erklärung eben der in den vorhergehenden Distichen genannten Beinamen Christi. Hier wird jedem Epitheton ein Hexameter gewidmet, der auseinandersetzt, warum Christus diesen Beinamen trägt. Der Erklärungsvers zu piscis lautet:

Piscis, natus aquis, auctor baptismatis ipse est.

Im allgemeinen ist auf diese Erklärungsverse kein grosses Gewicht zu legen. Orientius beabsichtigt meist nicht, seinen Lesern eine historische Notiz über die Entstehung und den ursprünglichen Sinn des betreffenden Epithetons zu geben. In diesem Falle aber thut er das in der That, indem er auf die Wassergeburt des Fisches verweist, welche das Interesse der

---

1) Rhein. Museum, Neue Folge Bd. XXII, S. 505.

früheren Jahrhunderte ja besonders in Anspruch genommen hatte.

17. Maximus von Turin.

Iste Jesus Christus ..... in principio erat verbum apud Deum .... a Sibylla *IXΘYΣ*, graeco nomine, quod significat piscis, operatus est, eo quod mundi vel seculi hujus mare ingressurus esset. Nam et litterarum ipsarum graecarum considera ingens mysterium *IXΘYΣ*, *I* iota hoc est Jesus, *X* chi, id est *X*ptos, *Θ* theta Theu, *Y* *Y*ios, *Σ* sigma Soter; quod latine explanatur Jesus Christus Dei Filius Salvator; in capite harum quinque litterarum Graecarum mysterium hoc est, quaeri ergo magno ....
Tract. IV. contra Paganos.
(Opp. S. Maximi, 1784, col. 730).

Dieser tractatus ist sehr schlecht überliefert. Im Texte befinden sich viele Lücken, was auch in dieser Stelle mehrfach hervortritt. Auch scheint mir das Wort operatus est nicht zu passen; es müsste etwa nominatus est heissen. — Sonst giebt diese Stelle die akrostichische Erklärung der Fischsymbolik wieder. Sie bezieht sich dabei auf das Sibyllinische Akrostich, und behauptet, dort wäre zuerst Christus ἰχθύς genannt, quod mundi vel seculi hujus mare ingressurus esset. Die Auflösung des Akrostichs giebt M. dann ohne diese Berufung. Er hatte also wohl keine genaue Kenntnis des Akrostichs; denn dort findet sich, wie wir sahen, zwar die Formel Ἰησοῦς Χρειστὸς θεοῦ υἱὸς σωτήρ σταυρός, nicht aber die Beziehung der fünf ersten dieser Worte auf den Fisch ausgesprochen; also gerade das Umgekehrte von dem, was M. hier behauptet. Immerhin ist dies bemerkenswert; denn die Behauptung, dass der Verfasser des 8. Buches der Sibyllinen Erfinder des ἰχθύς-Akrostichs sei, ist dem M. bis in die neueste Zeit häufig nachgesprochen worden. — Der tractatus quartus c. P. wurde zuerst publiziert in der oben citierten Gesammtausgabe der Werke des M. Der Herausgeber, Bruno Brunus, hatte ihn in dem codex Veron. 49., der auch die Capitula Evangeliorum des M. enthielt, gefunden, aber ohne Angabe des Verfassers. Er glaubt ihn trotzdem mit Bestimmtheit dem M. zuschreiben zu können. Man kann seinen Gründen, die er in der Einleitung col. 701 f. ausführt, ein grosses Gewicht nicht absprechen; aber sie eingehend zu prüfen, ist nur bei genauer Kenntnis der übrigen Schriften des M. möglich, denn sie gehen alle auf Stil und Schreibart des M. zurück.

18. Prosper von Aquitanien.

Mysterium vero actionis hujus hoc est, quod ex interioribus piscis et daemon fugatus est et Tobias illuminatus.

2. Hoc egit piscis magnus[1]) ex passione sua Christus purgans Mariam, a qua expulit septem daemonia; .... Qui tributum pro se et Petro, et caecato lumen reddidit Paulo, satians ex se ipso in litore discipulos, et toti se offerens mundo *IXΘYN*. Namque latine piscem sacris litteris majores nostri hoc interpretati sunt, ex Sibyllinis versibus colligentes, quod est, Jesus Christus Filius Dei Salvator, piscis in sua passione decoctus, cujus ex interioribus remediis quotidie illuminamur et pascimur.[2])

De prom. et praedict. Dei II, 39.
(Opp. Prosp. Aquit. 1782, II, S. 116).

Die Schrift De prom. et praedict. Dei ist früher dem Prosper von Aquitanien zugeschrieben worden. Aber mit guten Gründen zeigt die Einleitung in der mir vorliegenden Ausgabe (II, S. 58 ff.), dass der Aquitaner der Verfasser nicht sein kann; an mehreren Stellen giebt sich dieser vielmehr deutlich als Carthager zu erkennen. Er soll, wie hier gesagt wird, zwischen 450 und 455 geschrieben haben. — In dem uns interessierenden 39. Kapitel des zweiten Teiles erzählt er am Anfang nach dem apokryphischen Buche die Geschichte des Tobias. Für den verborgenen Sinn derselben erscheint ihm der Umstand wichtig, dass die Heilung der Sara und des Tobias beide durch Teile eines Fisches bewerkstelligt wurde. Denn Fisch bedeutet Christus. Christus vollbrachte also diese Wunderthaten hier schon im A. T., wie

---

1) Für diesen Ausdruck cf. die Aberkios-Inschrift: $\dot{\iota}\chi\vartheta\dot{\upsilon}\nu$ ...... $\pi\alpha\mu\mu\epsilon\gamma\dot{\epsilon}\vartheta\eta$.

2) Pitra (S. 525) citiert einen Teil dieser Stelle mit richtiger Angabe als Wort des »Prosper Africanus«, einen anderen Teil unmittelbar darauf als Wort des »S. Prosper«, sodass der Leser annehmen muss, dass es sich hier um zwei verschiedene Autoren handele.

er auch im N. T. dieselben Heilungen an Maria Magdalena (Mc. 16, 9; Lc. 8, 2) und an Paulus (Act. 9, 10—18) vollzog. Auch erscheint er im N. T. bisweilen in der Gestalt des Fisches, nämlich als der Fisch mit dem Stater, und als die Speise der sieben Jünger am See Tiberias (Joh. 21). Als letzte und höchste That des Fisches führt der Verfasser an: et toti se offerens mundo *IXΘYN*. De Rossi (Spic. Sol. III, S. 568 f.) und nach ihm auch V. Schultze (Arch. Stud. S. 54; Katak. S. 120)[1]) haben diese Worte so verstanden, als ob der Verfasser hiermit eine Deutung zu dem satians ex se ipso in litore discipulos habe geben wollen. Die Ansicht des Carthagers soll also die sein dass dies Mahl der Jünger ein Typus der Fisch-Mahlzeit der Christen, des Abendmahls, sei. Aber schon die Anfügung durch et macht es wahrscheinlich, dass hier zu den schon berichteten Wirkungen des Fisches eine neue hinzukommt, und der folgende mit namque beginnende Satz macht dies vollends gewiss. Er enthält die Erklärung zu den vorhergehenden, den Lesern vielleicht unverständlichen Worten, nämlich die akrostichische Auflösung. Also als Jesus Christus, als Gottessohn und Heiland bietet sich der Fisch der ganzen Welt an. Die Schlussworte bestätigen diese Auffassung. Als der Segen, den die ganze Welt von dem Fisch-Christus empfängt, wird angegeben: cujus ex interioribus remediis quotidie illuminamur et pascimur. Der Ausdruck ex interioribus remediis ist vom Fisch des Tobias hergenommen; mit dem illuminare und pascere greift der Verf. aus den vorher berichteten Thaten des Fisches einige heraus, und lässt sie der ganzen Christenheit zugute kommen;[2]) die

---

1) De Rossi erleichtert seine Auffassung wesentlich dadurch, dass er unvollständig und falsch citiert: piscem magnum, qui satiavit ex se ipso in littore discipulos, et toti se obtulit mundo *ἰχϑύν*. Ebenso: R. S. II, S. 341; V. Schultze a. a. O.; Heuser S. 522; Kraus S. 317 Anm. 1. In den Katak. S. 120 verbessert Schultze das Citat, ohne jedoch die frühere Deutung aufzugeben.

2) De Rossi glaubt das pascimur »non translato sed vero sensu« verstehen zu müssen; aber das daneben stehende illuminamur verbietet dies. Kraus S. 243 sagt, diese Worte enthielten »eine deutliche Anspielung auf die beiden Sacramente der Taufe und der heiligen Eucharistie«; aber das quotidie steht dem entgegen.

Hinzufügung des quotidie aber zeigt, dass er sich diese Wirkung nicht allein im Abendmahl vorhanden dachte; er hat sich wohl kaum etwas Bestimmtes darunter vorgestellt. Die Wendung: piscis in sua passione decoctus scheint aus Augustins Tractat 123 herübergenommen zu sein, besonders da nach der Versicherung des Herausgebers auch sonst Augustinischer Einfluss in dieser Schrift stark bemerkbar sein soll. So bleibt also auch bei dieser Stelle von einer sacramentalen Beziehung nichts übrig. — Übrigens werden auch hier die Sibyllinen als erster Zeuge für das Akrostich citiert.

Anmerkung. In der Mauriner-Ausgabe der Werke Augustins findet sich Bd. V, App. col. 340 im sermo CCV, »in Natali apostolorum Petri et Pauli V. folgende Stelle: (»Est enim Christus piscis ille, qui ad Tobiam ascendit de flumine vivus, cuius iecore per passionem assato fugatus est diabolus, et per amaritudinem fellis afflatus est caecus, et illuminatus est mundus.«)[1])

Die Herausgeber halten, wie schon einige ihrer Vorgänger, den sermo für untergeschoben. In dem ersten Teil desselben wird in wortreicher aber geistreicher Weise der Gedanke moduliert, dass Petrus, als er eben Fische fing, vom Herrn selbst gefangen wurde (Mt. 4, 18 ff.). Der letzte Satz vor unsrer Stelle heisst: »O aquigenum pirata reptilium, deseruisti artificium hoc, mutasti de pisce ad piscem«. Um seinen Lesern diese Wendung zu erklären, fügt der Verfasser die oben angeführten Worte in Parenthese hinzu. Auffallend dabei ist, dass er nur den Fisch des Tobias für Christus hält, und dass er sagt, dass durch die Galle dieses Fisches die Welt erleuchtet wäre. Beides deutet darauf hin, dass der Verfasser seine Kenntnis der Fischsymbolik aus der oben besprochenen Stelle des Pseudo-Prosper schöpfte. Dort ist es natürlich, dass vom Fisch des Tobias ausgegangen und hauptsächlich gesprochen wird, denn Prosper handelt über die Tobiasgeschichte; und dort findet sich auch der Satz, dass die ganze Welt durch den Fisch erleuchtet wird. Der Verfasser des sermo hat die Worte über den $IX\Theta Y\Sigma$ nicht verstanden, und ist so selbst unverständlich. — Aus dem Ausdruck jecore per passionem assato scheint mir allerdings hervorzugehen, dass er ausserdem noch das Augustinische Schlagwort »Piscis assus Christus est passus« kannte, dessen Spuren wir schon öfter begegneten; aber eine gehörige Kenntnis der Fischsymbolik hatte er nicht, sonst hätte er sich anders ausgedrückt. Ausserdem steht seine Zeit nicht fest, und so ist er für uns bedeutungslos.

---

1) Nur Aringhi (in dem Pariser Nachdruck von 1659, den ich allein benutzen konnte, und daher auch weiterhin citieren werde, Bd. II, S. 258) hat diese Stelle bemerkt, citiert sie aber fälschlich: Sermo. IV. de S. S. Petro et Paulo. Nach ihm Münter und Becker.

19. Pseudo-Eusebius-Emesenus.

»At illi obtulerunt ei partem piscis assi et favum mellis«. Hoc igitur offeramus et nos, semper haec oblatio inveniatur in nobis. Hoc enim cibo ipse delectatur, quia in hoc cibo nostra fides continetur. In quo Christi passio et resurrectio, in quo et vitae nostrae perfecta forma significatur. Quia enim et de ipsius passione dolemus, et iterum de ejusdem resurrectione gaudemus, utique offerimus ei et piscem assum pro passione, et favum mellis pro resurrectione.

Homilia: feria III. post Pascha [Lc. 24]
(Max. Bibl. Lugdun. Bd. VI, S. 756).

Quoties enim [praedicatores] prunas et piscem super prunis positum et panem vident, quoties Christi passionis recordantur, toties laboris et fatigationis et omnium suarum angustiarum obliviscuntur. Quid est enim piscis prunis assus nisi Christus in cruce passus? quid est panis nisi evangelica praedicatio?

Homilia: feria IV. post Resurr. [Joh. 21].
(a. a. O. S. 757.)

Der Verfasser dieser beiden Homilien — er sei, wer er sei — ist in seiner Darstellung durchaus von dem 122. und 123. Tractat Augustins zum Johannesevangelium abhängig. Am deutlichsten ist dies am Anfang der zweiten Homilie, der dem Inhalt nach ganz mit dem Anfang des 122. Tractats übereinstimmt. Beiderwärts wird die Frage aufgeworfen, wie sich die Apostel, die der Herr bei ihrer Berufung vom Fischerhandwerk abgerufen hatte, hier wieder demselben zuwenden konnten; und beiderwärts wird sie damit beantwortet, dass dadurch gesagt sein sollte, wie ein selbsterworbener Lebensunterhalt keine Sünde sei. Ebenso deutlich aber ist diese Abhängigkeit in den uns interessierenden Sätzen: in quo Christ passio significatur und: quid est enim piscis prunis assus nisi Christus in cruce passus. Sie geben beide den Augustinischen Satz: Piscis assus Christus est passus wieder. Eine weitere Fischsymbolik, als hieraus zu entnehmen war, scheint dem Verfasser auch nicht bekannt gewesen zu sein; denn an beiden Stellen legt er, noch mehr als dies Augustin that, den Nachdruck von der Identificierung des Fisches und Christi weg auf den Vergleich des Bratens und

Leidens. Unter diesen Umständen glaube ich diese Stellen von meiner Betrachtung ausschliessen zu müssen, da sie nur eine Lesefrucht wiedergeben, und zwar eine derartige, die nicht geeignet war, den Verfasser mit der Fischsymbolik bekannt zu machen.

Anmerkung. In der von Einigen dem Julius Africanus zugeschriebenen Schrift: Ἀφρικάνου διήγησις περὶ τῶν ἐν Πέρσιδι γενομένων διὰ τῆς ἐνανθρωπήσεως ..... Ἰησοῦ Χριστοῦ (herausgegeben von Ignaz Hardt nach zwei Münchener mss. in Aretins Beiträgen Bd. 2, 4. Stück, S. 49 ff.) finden sich S. 54 ff. die Worte: Πηγὴ ὕδατος πηγὴν πνεύματος ἀενναίζει, ἕνα μόνον ἰχθὺν ἔχουσα, τῷ τῆς θεότητος ἀγκίστρῳ λαμβανόμενον καὶ τὸν πάντα κόσμον, ὡς ἐν θαλάσσῃ διαγινόμενον, ἰδίᾳ σαρκὶ τρέφοντα — eine deutliche Wiedergabe der sacramentalen Symbolik. Da aber diese Schrift wegen des S. 66 hervortretenden Interesses an authentischen Bildern Christi und besonders Marias mir über die ersten fünf Jahrhunderte hinauszufallen scheint, und wir ausserdem nichts Neues hier erfahren, glaube ich diese Stelle unberücksichtigt lassen zu dürfen.

Wir haben 17 Stellen aus Schriftstellern verschiedenster Gattung, und zwei Grabschriften, welche alle als Quellen für die Fischsymbolik herangezogen zu werden pflegen, besprochen. Bei Drei von ihnen (Clemens Pseudo-Euseb und Eucherius) konnten wir feststellen, dass ihnen eine Kenntnis der Symbolik mit Unrecht beigelegt wurde; beim letzteren bemerkten wir ausserdem, dass die bezüglichen Worte wohl erst die Zuthat eines späteren Interpolators wären. Von den übrig bleibenden 14 Zeugen gehört einer (Tertullian) noch dem 2. Jahrhundert an; Aberkios schrieb um 200, Origenes fällt in die erste Hälfte des 3. Jahrhunderts, in das 3. Jahrhundert auch der Sibyllist. Dann folgen Optatus Chromatius und Paulinus, alle drei aus dem letzten Drittel des 4., während die übrigen sieben Zeugen (Pektorios Augustin Severian Chrysologus Orientius Maximus und der anonyme Carthager) wohl sämmtlich dem 5. Jahrhundert angehören, obgleich bei der Inschrift des Pektorios die Möglichkeit bleibt, dass sie kurz vorher, bei der Predigt des Severian, dass sie erst nachher verfasst wurde.

Bei der Frage nach der **Heimat** des Symbols müssen wir uns an die drei ältesten Zeugen halten: Tertullian Aberkios und Origenes, die unter sich ziemlich nahe zusammenliegen, von dem nächstfolgenden Zeugen, Optatus, aber durch mehr als ein Jahrhundert getrennt sind.¹) Da ist nun zunächst wahrscheinlich, dass wir die Entstehung des Symbols nur auf dem Boden des griechischen Sprachgebietes suchen dürfen. Denn Aberkios und Origenes sind selbst Griechen, und Tertullian nennt Christus in einer lateinischen Schrift den $i\chi\vartheta\acute{v}\varsigma$. Aber dieser Weg führt nicht weit. Die Worte Tertullians scheinen die Bekanntschaft des Symbols schon in weiteren Kreisen vorauszusetzen, wir müssen seine Entstehung also geraume Zeit vor ihm ansetzen; damit kommen wir aber in eine Zeit, wo das Griechische in der Kirche allgemein gesprochen und geschrieben wurde. — Tertullian ist ein Carthager, Aberkios ein Hieropolitaner, Origenes ein Alexandriner! In welcher dieser weit auseinanderliegenden Provinzen ist das Symbol entstanden: in Afrika, in Phrygien oder in Ägypten? Letzteres können wir zunächst ausschliessen. Denn, wie wir sahen, spricht Clemens von Alexandrien, der Zeitgenosse Tertullians, von dem Fische noch nicht als von einem spezifisch christlichen Symbol, und zwar an einer Stelle, wo er dies schwerlich unterlassen hätte, wenn ihm die Symbolik bekannt gewesen wäre. Eine Kenntnis, die sich damals in Carthago allgemeinerer Bekanntschaft erfreute, war ihm also noch nicht zu Ohren gekommen. An Alexandrien als Entstehungsort der Symbolik ist also kaum zu denken.²)

---

1) Das Sibyllinische Akrostich ist hier wegen der Unsicherheit seiner Zeit und seiner Heimat nicht verwertbar.

2) Die gewöhnliche Ansicht ist allerdings die, das Akrostich und damit das Symbol sei in Alexandrien entstanden. So zuerst Pitra: Spic. Sol. III, S. 524 f.; dann Kraus S. 242; Hasenclever S. 113 f. und 231. Man beruft sich dafür auf Clemens und den Sibyllisten, welche die ältesten Zeugen der Symbolik seien und beide aus Alexandrien stammten. Wie wir aber sahen, ist dem Einen gewiss die christliche Fischsymbolik noch unbekannt, bei dem Andern ist die Zeitbestimmung sehr schwierig, dass er aber nicht zu den ältesten Zeugen der Symbolik gehört, ist unter allen Umständen wahrscheinlich, aber gewiss, wenn er ein Alexandriner ist. Wenn Pitra weiter anführt, dass solche akrostichische Spielereien unter den Juden Alexandriens von altersher gebräuchlich gewesen wären, so sagt dies nichts, weil uns auch aus andern Gegenden ähnliches bekannt ist. Aus demselben Grunde verlegt Migne (Tertullian, I, col. 1199. Comm.) die Entstehung des Akrostichs nach Ephesus oder Smyrna, »in hac prae ceteris aenigmatum acrostichidum arcanorumque carminum feraci regione«. Es fällt somit jeder Grund für diese Ansetzungen fort.

Ebenso wenig aber an Carthago. Denn die damals noch junge Carthagische Kirche besass nichts in Cultus und Lehre, was ihr eigentümlich gewesen wäre; sie hatte alles aus Rom. Und so ist es undenkbar, dass sie diese $IX\Theta Y\Sigma$-Symbolik, die uns schon bei Tertullian als ein Ausdruck der dogmatischen Verwertung der Taufe Christi entgegentritt, selbst erzeugt hätte. Dazu war aber Tertullian kurz vor Abfassung seiner Schrift de baptismo selbst in Rom gewesen. In Rom laufen aber auch die übrigen Fäden zusammen. Aberkios spricht auf seinem Epitaph in begeisterten Worten von dem Eindruck, den einst Rom auf ihn gemacht hatte, und so wird er die Kenntnis der Symbolik, die er sehr abrupt dort anbringt, auch aus Rom mitgebracht haben. Origenes aber ist bekanntlich auch in Rom gewesen. Rom wird also die Heimat des Symbols sein.

Sehen wir uns jetzt nach der **ursprünglichen Form** der Symbolik um. Es sind dabei die mannigfachen Beziehungen zu beachten, welche unsere Autoren zwischen dem Fische und Christus aufdecken. Diese lassen sich in drei Klassen zerlegen: 1) allegorische Beziehungen, indem man einen der im A. oder N. T. vorkommenden Fische auf Christus deutete; 2) eine rein formale Beziehung, die hergestellt ist durch die akrostichische Auflösung des Wortes $\iota\chi\vartheta\acute{\nu}\varsigma$; 3) sachliche Beziehungen, indem man in dem Leben eines Fisches und in dem Leben Christi gleichartige Züge aufdeckte. — Bei der Frage nach dem Ursprung eines christlichen Symbols wird man sich zunächst immer an diese letzte Klasse halten müssen. Denn fast alle christlichen Symbole verdanken ihre Entstehung irgend einem Schriftwort, das entweder schon selbst eine Veranlassung zu solcher Deutung giebt, oder durch eine hergebrachte Umdeutung oder Missdeutung eine solche abgeben musste. Die Schriftstellen, bei welchen die Väter den Fisch für Christus erklären, sind: der Fisch mit dem Stater Mt. 17 (Origenes und der Verfasser der prom. et praed. Dei), der Fisch des Tobias Tob. 6 ff. (Optatus und de prom. et. praed. Dei), der Fisch, welcher der Schlange entgegengesetzt wird Lc. 11 (Chrysologus) und die gebratenen Fische Joh. 21 (Augustin Chrysologus und de prom. et praed.). Es wäre zu erwarten, dass, wenn das Fischsymbol aufgrund einer Schriftstelle entstand, sich auch die Erinnerung an diese bei den Vätern erhalten hätte, und sie also beständig als Beweisstelle angeführt würde. Eine solche traditionelle Anführung derselben Stelle ist aber nicht zu bemerken. Ferner giebt auch keine der angeführten Stellen selbst Veranlassung zur Deutung des Fisches auf Christus. Am nächsten läge eine solche Auslegung noch beim wunderthätigen Fisch des Tobias; hier ist es wenigstens verständlich, wie man zu einer solchen Deutung käme. Um aber von dem Fische, den ein Vater seinem Kinde giebt, das ihn darum bittet, auf Christus zu kommen, ist schon ein complizierter Gedankengang nötig. Bei den gebratenen Fischen und dem Fisch mit dem Stater ist diese Auslegung kaum verständlich. Es kommt hinzu, dass alle diese Fische keineswegs traditionell auf Christus gedeutet werden, sondern vielmehr häufig eine andere Auslegung erfahren. So findet z. B. Origenes selbst in dem Fisch mit dem Stater, in dem er noch eben Christus verkörpert sah, gleich darauf den Geizigen charakterisiert; die gewöhnliche Auslegung ist die, dass dies Stephanus sei, der erste Märtyrer. So führt uns diese Betrachtung zu der Erkenntnis, dass der Ursprung des Symbols nicht in einer Stelle der Schrift zu suchen ist. Denn die Erscheinung, dass bald dieser, bald jener Fisch als Christus aufgefasst wird, ohne dass eine der betreffenden Stellen Veranlassung zu dieser Deutung giebt oder wenigstens durchgängig diese Deutung erfuhr, ist nur dadurch verständlich, dass den Schriftstellern schon eine andere symbolische Verbindung von Christus und dem Fische bekannt war, die sie bei der Interpretation der betreffenden Schriftstellen anwandten.[1])

---

1) Es liegt eine Reihe von Versuchen vor, das Symbol aus einzelnen in biblischen Geschichten vorkommenden Fischen abzuleiten. Gegen alle diese Versuche ist einzuwenden, dass sie sich nicht an die Worte der Kirchenväter halten, woran wir doch zunächst gewiesen sind, und also völlig in der Luft schweben. C. Alexandre (Orac. Sibyll. II, S. 338) glaubt in dem Fisch des Jona, »quae divinae resurrectionis imago fuit«, den Ursprung gefunden zu haben. Indessen wird dieser Fisch in der LXX und im N. T. niemals als Fisch, sondern als $κῆτος$ bezeichnet, und ist auch in der altchristlichen Kunst nur als Meerungeheuer abgebildet worden. Auch ist nicht dieser Fisch, sondern das Erlebnis des Jona selbst aufgrund der Herrnworte Mt. 12, 39 ff. ein Typus der Auferstehung Christi.

(Achelis, H.)

Anders steht es mit der akrostichischen und den sachlichen Beziehungen zwischen Fisch und Christus. Die akrostichische wird von vier unter den Vätern deutlich angeführt, von Optatus Augustin Maximus und dem Verfasser der prom. et praed. Dei; bei dem Sibyllisten und Pseudo-Severian mussten wir sie unmittelbar voraussetzen; und bei Tertullian, dem ältesten Zeugen der Symbolik, konnten wir auch die Kenntnis des Akrostichs konstatieren. Ebenso alt aber sind die sachlichen Beziehungen. Schon bei Tertullian konnten wir bemerken, dass damals das Fischsymbol als ein Ausdruck für die Bedeutung der Taufe Christi galt. Sein Zeitgenosse Aberkios spricht dasselbe aus, wenn er von dem ἰχϑὺς ἀπὸ πηγῆς redet; zugleich hat er aber schon aus Rom die Vorstellung mitgebracht, dass der Fisch der im Abendmahl erscheinende Christus sei, weil dort die Christen

---

— H. Merz (Christl. Kunstblatt 1880, S. 97 ff.) glaubt die Entstehung des Symbols aus dem Worte ὄψον erklären zu können, und hat noch neuerdings diese Ansicht wiederholt (a. a. O. 1886, S. 45). Ὄψον bedeutet nämlich ursprünglich jede am Feuer zubereitete Speise, die man als Zukost zum Brot genoss. In ältester Zeit war dies gewöhnlich Fleisch, und dieses verstand man daher unter ὄψον; als später die Fischspeisen gewöhnlich wurden, bekam das Wort besonders diese spezielle Bedeutung, wie das Plutarch (Symp. 4, 4, 2) ausdrücklich sagt. Hiermit kombiniert Merz die Stelle Joh. 6, 51 ff., wo Christus sagt: »Wer mein Fleisch isset . . . . ., der hat das ewige Leben«. Merz sagt: bei dieser Veränderung des Begriffes ὄψον habe es für den allegorischen Sinn eines Alexandriners [er hat Clemens im Auge] keine Schwierigkeit gehabt, den Gedanken: »Christus giebt sein Fleisch, d. h. sich selbst zu geniessen«, zu übersetzen in jenen: »Christus giebt sich als Fisch zu geniessen«. Das gewiss nicht! Aber eben weil diese Erklärung so willkürlich ist, dass wir sie der Denkungsart eines Clemens für ganz angemessen halten würden, wenn wir sie irgendwo bei ihm fänden, müssen wir sie entschieden abweisen, da wir weder bei ihm, noch bei irgend einem andern Schriftsteller die geringste Spur davon entdecken. Und schliesslich sagt doch Christus nicht: Ὁ τρώγων μου τὸ ὄψον, sondern ὁ τρώγων μου τὴν σάρκα. — V. Schultze endlich (Katak. S. 129) geht von Mt. 7, 10 aus. Hier würden Fisch und Schlange entgegengestellt; die Schlange sei schon im N. T. selbst Bezeichnung des Teufels, und dadurch sei es nahegelegt worden, den Fisch als Symbol für Christus zu fassen. Auch hiergegen ist zu sagen, dass wir zu dieser Ableitung eine Berechtigung nur dann hätten, wenn sie uns von den ältesten Zeugen der Symbolik an die Hand gegeben würde. **Das ist aber nicht der Fall.**

Christus geniessen. Um das Jahr 200 hat das Symbol also schon eine Geschichte hinter sich. Welches ist nun der älteste, und welches sind die abgeleiteten Bestandteile der Symbolik? Die eucharistische Bedeutung ist jedenfalls erst später hineingelegt worden; sie ist nur verständlich als eine Weiterbildung der einfacheren Vorstellung, dass der Fisch Christus bedeutet. Die Vorstellung von der Bedeutung der Taufe Christi dagegen, wonach diese beweisend für seine göttliche Natur ist, weil bei dieser Gelegenheit Gott ihn als seinen Sohn anerkannte, lässt sich nicht aus der Fischsymbolik ableiten; sie ist augenscheinlich älter und erst später durch Zufall mit der akrostichischen Symbolik zusammengetroffen. Man hatte längst diese Ansicht über die Taufe Christi, und entdeckte dann durch einen glücklichen Zufall, wie schön dieser dogmatische Satz in dem Akrostich seinen Ausdruck findet, wo die Namen Christi ’Ιησοῦς Χριστός zusammen mit dem Prädikat θεοῦ υἱός und dem σωτήρ oder vielleicht auch σταυρός als fünftem Wort den Namen eines Tieres bildet, das auch im Wasser seinen Ursprung hat. Gerade darin, dass eine dogmatische Ansicht und eine akrostichische Spielerei dasselbe Resultat lieferten, liegt die Bedeutung des Fischsymbols. Das Buchstabenspiel hätte kaum eine solche Verbreitung, und eine so häufige Erwähnung in den Schriften der ersten Geister jener Zeiten gefunden, wenn es nicht einen tieferen Sinn ergeben hätte; und aufgrund der dogmatischen Vorstellung allein wäre man kaum dazu gekommen, Christus geradezu Fisch zu nennen, also ein Symbol aufzustellen, wenn nicht das Akrostich dazu die Handhabe geboten hätte.

Bei den späteren Zeugen der Symbolik ist vor allem interessant die Behandlung, welche man der Beziehung auf Christi Jordantaufe zu teil werden lässt. Schon im zweiten Jahrhundert war es in der Kirche abgekommen, sich auf die Taufe als Beweis für die Gottheit Christi zu berufen; selbst in den ältesten kirchlichen Symbolen findet sich diese Berufung nicht mehr. Man hatte längst eine bessere Garantie für Christi Gottessohnschaft gefunden: seine Empfängnis ohne Mannes Zuthun durch den heiligen Geist, und seine Geburt aus der jungfräulichen Mutter. So haben die Väter des 4. Jahrhunderts längst vergessen, warum das Fischsymbol einst so wichtig gewesen war. Einige lassen diese Seite der Symbolik daher ganz unerwähnt; andere, gewissenhaftere Schriftsteller halten sich für verpflichtet, dies Element wenigstens beiläufig zu erwähnen, wenn sie es auch zuweilen in ihrer Weise umdeuten. Bei Paulinus (aquae vivae piscis), bei Augustin (piscis de profundo levatus), bei Chrysologus (erat piscis Christus, Jordanis levatus ex alveo), bei Orientius (piscis natus aquis) sind deutliche Nachklänge an die Symbolik der früheren Jahrhunderte bemerkbar; während Augustin an andrer Stelle (de Civ. Dei XVIII, 23) das Element des Wassers auf die böse Welt, den Fisch auf den sündlosen Christus deutet, worin ihm Maximus etwa folgt. — Die eucharistische Bedeutung des Fischsymbols wiederholen Pektorios (in Autun) und Augustin (in Afrika); beide an der Schwelle des 5. Jahrhunderts. — Bei Besprechung von dem Mahle der Jünger (Joh. 21) vermehrt Augustin die Symbolik durch das Wortspiel: »Piscis assus Christus est passus«; nach ihm finden wir denselben Gedanken bei Chrysologus und dem anonymen Carthager, beide wohl durch Lektüre Augustins dazu geführt. Alle drei kommen bei Behandlung von Joh. 21 zu Ausdrücken, die sehr an das Abendmahl anklingen. Das ist nicht anders möglich, da sie alle in den von den Jüngern genossenen Bratfischen Christus sehen. Aber bei Augustin konnten wir als sicher hinstellen, dass er dies Mahl nicht als Abendmahl, sondern als Darstellung der Kirche in ihrer Vollendung fasst; Chrysologus und der Carthager aber schienen den Gedanken, den sie nahelegen, das Jüngermahl als allegorische Erzählung des Abendmahls zu fassen, selbst nicht zu Ende gedacht zu haben.

In dem Moment, wo wir dem Fischsymbol zuerst begegnen, bei Tertullian und Aberkios, hatte es schon eine längere Geschichte hinter sich. Wir dürfen also seine Entstehung nicht erst an das Ende des zweiten Jahrhunderts setzen, sondern müssen ziemlich tief hinabgehen. Vor allem deshalb, weil Aberkios seine Romreise wahrscheinlich schon unter Marc Aurel machte (cf. Lightfoot a. a. O.), scheint es geboten, die Entstehung des Symbols noch in die erste Hälfte des zweiten Jahrhunderts zu verlegen. Tertullian bringt von Rom aus die Kenntnis des

Symbols nach Africa, Aberkios nach Phrygien, Origenes nach Ägypten. Bei Optatus finden wir es wieder in Africa. Aus Aquileja sind Chromatius und seine Freunde, welche durch Lektüre Tertullians mit der Symbolik bekannt geworden waren; Paulinus ist wieder ein Italiener. Von da ab mehren sich die Zeugnisse. Aus dem fünften Jahrhundert konnten wir sieben Schriftsteller anführen: zwei Africaner (Augustin und der anonyme Carthager), drei Italiener (Chrysologus Maximus Severianus [?]), und zwei Gallier (Pektorios und Orientius). In der orientalischen Kirche aber erscheint das Symbol — auch nicht nach dem fünften Jahrhundert — nach Aberkios und Origenes nicht wieder. Wir können somit sagen, dass dies Symbol, das in Rom seinen Geburtsort hat, auch nur in solchen Ländern bekannt wurde, welche mit der römischen Kirche in engster Verbindung standen; unter den Orientalen kennen es nur die, welche es aus Rom mitgebracht hatten — Aberkios und Origenes. Für die Thatsache, dass das Symbol im fünften Jahrhundert so weit häufiger citiert wird, als in den früheren, sind mehrere Gründe erkenntlich. Zunächst bewirkte der grosse Einfluss der Augustinischen Schriften, dass das Symbol in weitesten Kreisen bekannt wurde. So verrieten Chrysologus, der anonyme Carthager, Pseudo-Eusebius und Pseudo-Augustin eine Kenntnis der Tractate zum Johannesevangelium. Sodann aber verbreitete sich die Kenntnis des Symbols in Verbindung mit dem Sibyllinischen Akrostich. Wir haben hierfür einige deutliche Fingerzeige. Maximus ist der Meinung, die Sibylle habe zuerst Christus den $\mathit{i\chi\vartheta\acute{v}\varsigma}$ genannt. Der Carthager sagt dasselbe: aus dem Sibyllinischen Akrostich hätte man den geheimnisvollen Zusammenhang von $\mathit{i\chi\vartheta\acute{v}\varsigma}$ mit den fünf heiligen Worten geschöpft. Man legte also in weiteren Kreisen der Sibylle etwas in den Mund, was sie nicht gesagt hatte; denn sie gebraucht zwar die heiligen fünf (sechs) Worte, giebt aber nicht das Akrostich $\mathit{IX\Theta Y\Sigma}$ ausdrücklich als denselben zugrundeliegend an. Man nahm richtig an, dass der Sibyllist das $\mathit{IX\Theta Y\Sigma}$-Symbol gekannt hatte; übersah aber, dass er es nicht ausspricht, also nur für Kenner wahrnehmbar macht. Die $\mathit{IX\Theta Y\Sigma}$-Symbolik bekam aber einen neuen Reiz dadurch, dass diese Seherin aus grauer Vorzeit für ihre

Erfinderin und erste Prophetin galt. Augustin endlich giebt die akrostichische Deutung von $ἰχθύς$ auch im Zusammenhang mit dem Akrostich. Aber er giebt nicht das ganze, ursprüngliche Akrostich von 34 Versen wieder; sondern seine lateinische Übersetzung umfasste nur die ersten 27 Verse; die sieben letzten mit dem Akrostich $σταυρός$ waren nicht mitübersetzt worden. Auch das findet seine Erklärung in dieser Combinierung der Symbolik mit dem Akrostich. Man fand dieselben heiligen Worte, welche das Wort $ἰχθύς$ enthält, in den Anfangsbuchstaben der Sibyllinischen Verse wieder; aus Interesse an diesem Doppel-Akrostich liess man dann die $σταυρός$-Verse, die in dieser Verbindung nur störten, weg, und fertigte Abschriften und Übersetzungen von den ersten 27 Versen. Denn das ist der einzig einleuchtende Grund für diese Verkürzung. Verse aus dem Akrostich werden zuerst citiert von Lactanz; allgemeiner bekannt scheint dasselbe erst geworden zu sein, seitdem es Eusebius in seine Oratio Constantini ad s. coetum aufgenommen hatte. Das trägt zur Erklärung bei für den auffallenden Unterschied zwischen der Fülle der Zeugnisse für die Fischsymbolik seit dem letzten Drittel des vierten Jahrhunderts und der vorhergehenden Spärlichkeit.

Es ist nun die hergebrachte Behauptung, dass die Fischsymbolik in doppelter Gestalt in den römischen Katakomben einen bildlichen Ausdruck erhalten habe: in den einzelnen Fischen, welche auf den Grabplatten der loculi erscheinen, und speciell in seiner eucharistischen Bedeutung in Wandgemälden. Untersuchen wir nun, ob sich diese Behauptung bewahrheitet.

Zweiter Teil.

Die Fischdenkmäler der römischen Katakomben.

Erster Abschnitt.
Der Fisch auf den Epitaphien.

Am Schluss des schon mehrfach erwähnten Aufsatzes im dritten Bande des Spic. Sol. unternimmt de Rossi eine vollständige Aufzählung aller der römischen Skulpturen, welche einen Fisch aufzeigen. Es sind 75 Monumente, wovon eins ein Sarkophag[1]) (n. 45, Becker n. 71), eins, wie sich später herausgestellt hat, wohl ein Stück aus dem Wandgetäfel einer Villa ist (n. 2, Becker n. 2)[2]); alle übrigen sind tituli von Gräbern. Bei 64 von ihnen steht die römische Provenienz fest, bei den übrigen ist sie wenigstens wahrscheinlich.[3]) Ferdinand Becker ist auch in diesem Punkte durchaus de Rossi gefolgt, und hat diese 75 Monumente ohne jede weitere Kritik in seine Arbeit aufgenommen. Er hat aber noch eine Reihe neuer Epitaphien hinzugefügt: 16 ausserrömische[4]) und 3 nach de Rossi's Publikation gemachte Funde,[5]) sodass er 94 Nummern auf-

---

1) Derselbe ist aber mit Recht hier aufgezählt, denn er ist nicht nach Art der übrigen Sarkophage, sondern genau wie eine Grabplatte dekoriert.

2) cf. Bull. 1873, S. 88 ff.

3) cf. de Rossi, a. a. O. S. 550, 7.

4) Zwei aus Sizilien (11. 33.), acht aus Frankreich (12. 13. 34. 35. 36. 50. 85. 89), zwei aus Italien (91. 93), zwei aus Tunis (unter n. 90 zusammengefasst), eins aus Thessalonich (32), eins aus Nikia (40), und eins (das des Aberkios) aus Hieropolis (14).

5) n. 9, im Jahre 1864 unter dem Titel: nuove scoperte publiziert; n. 47 im coem. Priscillae 1864 gefunden; n. 84, das sich nach Le Blant Bd. II, S. 312 Anm. in Turin befindet, kann möglicherweise auch de Rossi entgangen sein, was mir indes nicht wahrscheinlich ist.

zählen kann. Ich werde hier nur die römischen Monumente behandeln, und die ausserrömischen nur dann herbeiziehen, wenn sie uns über die Geschichte des Symbols neue Aufschlüsse zu geben imstande sind. Von diesen 78 Nummern, die also in der Mehrzahl gewiss, im übrigen wenigstens wahrscheinlich aus Rom stammen, scheinen mir aber einige zu streichen zu sein. Zunächst die Delphine. De Rossi nimmt ohne weiteres an, dass auch die Delphine Träger der $IX\Theta Y\Sigma$-Symbolik seien; er begründet dies nicht, identificiert aber Fisch und Delphin vollständig, sodass er sogar den Delphin als piscis aufführt. Es scheint mir aber der Delphin nicht nur naturgeschichtlich in eine andere Klasse zu gehören als der gewöhnliche Fisch, sondern er ist auch gerade in seiner archäologischen Verwertung ganz anders zu beurteilen. Er hat in der antiken Sage seine besondere Geschichte, und daher auch in der antiken Kunst; dass auf ihn in den Katakomben die $IX\Theta Y\Sigma$-Symbolik übertragen wurde, ist wenigstens noch nachzuweisen. Ich werde die Delphin-Denkmäler daher hier ausschliessen. Bei vier Epitaphien giebt de Rossi ausdrücklich an, dass dort Delphine zu sehen sind (B. n. 45. 72. 79. 80), bei zwei andern (24 und 53) scheinen mir die vorliegenden Abbildungen keine andere Deutung zuzulassen.[1])

Bei fünf weiteren Monumenten aber vermag ich in den als Fisch bezeichneten Bildern keinen Fisch zu erkennen.[2]) Ziehen wir nun diese 11 Epitaphien von den 78 vorhin aufgezählten ab, so bleiben 67 römische Fischmonumente übrig, deren Besprechung uns hier obliegt. Diese Zahl ist jedenfalls die grösstmögliche; es sind nämlich höchstwahrscheinlich noch Steine heidnischen Ursprungs mitgezählt worden. Bei sieben von diesen Epitaphien haben verschiedene Forscher mit mehr

---

1) Für n. 53 ist Aringhi II, S. 119 und 369, und nicht die davon abgeleitete Abbildung Beckers zu vergleichen.

2) Bei n. 27 stütze ich mich nur auf Beckers Anm.; das Tier in n. 42 erklärt zwar auch Mommsen (Inscr. Regni Neap. Lat. n. 7185) für einen piscis, aber Beckers Facsimile scheint mir dieser Deutung zu widersprechen; die Steine n. 43. 55. 94 sind nicht mehr vorhanden, die erhaltenen Abb. (auch bei Becker) lassen die Auffassung als Fisch schwerlich zu.

oder weniger Grund heidnische Provenienz behauptet;[1]) nachgewiesen aber scheint es mir in keinem dieser Fälle zu sein, denn keins von ihnen hat spezifisch heidnische Anzeichen. Ich werde sie daher hier als christliche behandeln. Die Untersuchung wird ergeben, dass dies für unsere Resultate nicht von der geringsten Bedeutung ist. — Die Überlieferung der Monumente ist eine auffallend schlechte. Nur 39 von ihnen sind noch ganz oder wenigstens zum Teil erhalten; 28, also 42% der Gesamtzahl, die alle nach 1578 ausgegraben wurden, sind schon wieder verschwunden. Sie sind nur in den Abbildungen der alten Katakombenwerke des 17. und 18. Jahrhunderts erhalten, deren Treue bekanntlich eine sehr zweifelhafte ist. Da ich indes gefunden habe, dass die Untersuchung im ganzen dieselben Resultate liefert, einerlei, ob man die verlorenen Steine mitzählt oder nicht, so glaube ich sie hier hinzunehmen zu müssen, obwohl zu bedenken ist, dass mancher Irrtum durch diese schlechte Überlieferung hineingetragen sein mag.

Von jeher sind nun alle diese Fischbilder stillschweigend für symbolische Darstellungen Christi oder der Christen gehalten worden. Dass letztere Deutung hier unmöglich ist, haben wir schon oben gesehen; aber auch die Deutung auf Christus darf für die ganze Menge der Monumente von vornherein nicht als ausgemacht gelten. Die neuesten Katakombenschriftsteller, V. Schultze und Hasenclever, haben nämlich verschiedentlich darauf hingewiesen, dass noch andere Motive als die Symbolik die Anbringnng von Fischbildern bedingt haben mögen. Wir haben danach zunächst zu untersuchen, wie viele von diesen Fischbildern symbolisch, und wie viele nichtsymbolisch sind.

Die Fischepitaphien zerlegen sich von selbst in zwei Klassen: die erste hat das Bild eines Fisches, die zweite die Legende $IX\Theta Y\Sigma$. Bei den Monumenten der ersteren Klasse könnte der Fisch auch angebracht sein:

1) als Illustration zu dem Namen des Verstorbenen,
2) als reines Ornament,
3) als Bezeichnung des Gewerbes des Verstorbenen.

---

[1]) Bei 10. 44. 64. 65. 68. 71. 78.; ausserdem bei dem ausserrömischen n. 91, und dem oben schon gestrichenen n. 94.

1. Der Fisch als Illustration zu dem Namen des Verstorbenen.

Es ist wohl allgemein anerkannt, dass zuweilen die Bilder der Monumente in deutlicher Beziehung zu dem daneben stehenden Namen des Verstorbenen stehen, und nur dieser Beziehung wegen in den Stein geritzt wurden. Man wiederholte den Namen im Bilde oder spielte wenigstens auf ihn an. So sehen wir neben dem Namen Porcella ein Schwein, neben Dracontius einen Drachen, neben Aquilinus und Aquilina einen Adler, zu Leo einen Löwen, zu Perna einen Schinken, zu Passer einen Sperling, zu Anser eine Gans, zu Onager einen Esel, zu Nabira ein Schiff gesetzt.[1]) Es ist das eine aus dem antiken Gräberschmuck herübergenommene Spielerei, die uns fast wie ein unpassender Scherz erscheint. An die Möglichkeit, dass auch Fische in einzelnen Fällen nur in dieser Absicht angebracht wurden, haben die katholischen Archäologen — soweit ich sehe — noch nicht gedacht. Becker giebt dies wenigstens in einem Falle (n. 81) als Nebenabsicht des Steinmetzen zu; erst V. Schultze[2]) hat einen ausreichenderen Gebrauch von diesem Gedanken gemacht, und fünf Monumente (n. 10. 21. 67. 80. 91) dieser Klasse zugewiesen.[3]) Es kommen hier nur die Monumente in betracht, bei denen der Name des Verstorbenen eine Beziehung auf Fisch Schiffahrt Meer und dergl. enthält, und zwar halte ich es für naturgemäss, nicht erst zu untersuchen, ob der betreffende Name auch etymologisch von einem derartigen maritimen Wort abzuleiten ist; ein gewisser Gleichklang wird auch wohl schon zu einer scherzhaften Illustrierung haben führen können. Ausser den von V. Schultze angeführten Steinen kommen für unsre

---

1) So nach V. Schultze, Katak. S. 142 Anm. 6; Hasenclever S. 198 und Anm. 2.

2) Katak. S. 129.

3) Wenn V. Schultze S. 142 Anm. 6 noch n. 29 hinzufügt, und den Fisch dort als Anspielung auf den Namen Melitius erklärt, so muss ich gestehen, dass mir keine Verbindung zwischen diesem Namen und dem Fisch herstellbar ist. — Merz (Christl. Kunstblatt 1880, S. 93) will eine Hindeutung auf den Namen oder Beruf des Verstorbenen nur dann gelten lassen, wenn sich mehr als zwei Fische auf dem Stein befinden. Das kommt aber auf Monumenten der römischen Katakomben nicht vor, und ausserdem ist eine derartige Scheidung zu mechanisch.

Untersuchung noch fünf andre (n. 11. 43. 46. 55. 81) inbetracht, wo die Namen Marinna Lucius Lucite Ἀμιανός Maritima die gesuchte Beziehung enthalten. Es sind also zusammen zehn Monumente.

1) n. 10. Auffallend geformt, unten fehlt ein Stück. Zwischen D. M. ein bebänderter Kranz; darunter *ΙΧΘΥΣ ΖΩΝΤΩΝ*; dann ein Anker, an jeder Seite desselben ein Fisch; darauf die Inschrift: Liciniae Amiati etc. — Gefunden 1841 auf dem mons Vaticanus, jetzt im Mus. Kirch. — Der Stein hat wegen seiner auffallenden Form und Inschrift schon viel zu denken gegeben. Nach de Rossi befanden sich alle andern Grabsteine, welche mit diesem zusammen gefunden wurden, einst in der Vatikanischen Basilika; daher auch wohl dieser, bei dem ausserdem seine Form auf eine freie Aufstellung hinweist. V. Schultze (Arch. Stud. S. 229 ff.) sucht eine zweimalige Benutzung des Steines zu erweisen. Er legt den Nachdruck auf den merkwürdigen Contrast zwischen den aus dem Heidentum stammenden Zeichen D. M. und dem bebänderten Kranz, und andrerseits dem energischen christlichen Bekenntnis ἰχϑὺς ζώντων, das in dieser Ausprägung beispiellos ist; ferner darauf, dass die Buchstaben der griechischen und der lateinischen Inschrift verschieden sind; endlich auch darauf, dass das Fisch-Anker-Bild sehr wohl als Anspielung auf den Namen Ἀμίας (ἀμίας der Thunfisch) verständlich sei, und also nicht zu dem ἰχϑὺς ζ. zu gehören brauche. Er teilt die Inschrift daher verschiedenen Epochen zu, lässt den Stein ursprünglich heidnisch sein, und fasst die Worte ἰχϑὺς ζ. auf als Interpretation eines späteren christlichen Benutzers zu dem heidnischen Bilde. Dieser Erklärung stehen aber zu grosse Schwierigkeiten im Wege. Denn die allerdings auffallenden Contraste zwischen heidnischen und christlichen Merkmalen, und ferner die zwischen den Formen der Buchstaben decken sich nicht, da das D. M., und damit auch der Kranz offenbar von derselben Hand herrührt, wie das ἰχϑὺς ζ. Ausserdem ist nicht einzusehen, warum der christliche Benutzer die heidnische Inschrift stehen liess, und nicht etwa den Stein umdrehte. Er begrub doch schwerlich eine zweite Licinia Amias! Sodann kann dieser Stein unmöglich als Ver-

schlussplatte eines loculus gedient haben. Die Formung desselben macht eine solche Benutzung unmöglich, und das unten fehlende Stück, das Schultze als Beleg für seine Ansicht anführt, ist augenscheinlich nicht absichtlich, sondern durch Zufall abgeschlagen worden. Endlich macht die gleichmässige Disposition der Inschrift die Annahme unmöglich, dass zwischen die erste und dritte Reihe die zweite später eingeschoben sei. Nach diesem Allen halte ich es für sicher, dass die ganze Inschrift, wenn sie auch, wie es scheint, von verschiedenen Händen herrührt, doch zu gleicher Zeit und für diese eine Tote hergestellt wurde, und dass der Stein in der Vatikanischen Basilika aufgestellt war. — Bei dem Fisch-Anker-Bild kann man zweifelhaft sein, ob es eine Anspielung auf den Namen Ἀμίας sein soll, oder ob es als Illustration zu dem ohne Frage symbolisch zu deutenden ἰχθύς ζ. zu verstehen ist. Der Anker steht beiden Erklärungen im Wege. Da ich aber aus andern Gründen diese Composition von Fisch und Anker in der Mehrzahl der Fälle für Zusammenstellungen der Symbole halten zu müssen glaube, so halte ich dies hier auch für das Nächstliegende, obwohl zuzugeben ist, dass der Steinmetz sich auch wohl der Beziehung auf den Namen bewusst gewesen sein mag. — V. Schultze (Katak. S. 117) findet in dem $IX\Theta Y\Sigma\ Z\Omega NT\Omega N$ die eucharistische Bedeutung des Fischsymbols wieder, denn die »Lebendigen« seien die an der Sacramentsgemeinschaft teil habenden. Doch wird man kaum so speciell deuten dürfen. Die ζῶντες sind die Christen, der ἰχθύς ζ. Christus. Für den Ausdruck ist das Monument von Autun zu vergleichen.

2) n. 11. Grabstein der Marinna; unter der Inschrift: $IX\Theta Y\Sigma$. — Jede andere Deutung als die akrostichische scheint mir ausgeschlossen zu sein.

3) n. 21. M. Aur. Ammianus — ein Fisch. — Eine Spielerei mit dem Namen ist hier wohl das Nächstliegende.

4) n. 43. In der Abbildung bei Becker vermag ich keinen Fisch zu erkennen, und die Zeichnung bei Kraus (S. 245) scheint mir nicht getreuer, sondern nur verschönt zu sein, sodass darauf kein Gewicht zu legen ist.

5) n. 46. Inschrift: (Monogramm) Calevius bendidit Avin

trisomu ubi positi erant vini et Calvilius et Lucius in pa cos Stil.¹) Darunter ist sehr roh in den Stein geritzt: Lazarus in der tumba, der siebenarmige Leuchter, ein Haus, worüber eine Wage, ein grosser Fisch. — Die Wage unterbricht die Inschrift: sie befand sich also schon vor derselben auf dem Stein; ebenso das unmittelbar unter ihr stehende Haus, da es den Raum der Wage bedingt. Dasselbe wird danach auch wohl von den übrigen, zu Seiten des Hauses stehenden Bildern gelten, und so dürfen wir annehmen, dass sie alle eingeritzt wurden, als der Stein das Grab des Calvilius und Lucius schloss. So mag der grosse Fisch vielleicht den Namen des Lucius illustrieren sollen. Interessant ist dieser Stein vor allem wegen der Auswahl der Bilder, die der Steinmetz hier traf; er zeigt deutlich, dass reine Willkür diese Zusammenstellung bedingte, dass der Arbeiter alles anbrachte, was ihm eben einfiel. Den Lazarus entnahm er aus den christlichen Wandgemälden, den Candelaber aus den jüdischen Monumenten;²) die Wage wird bei diesem Grabstein aus dem Jahre 400 wohl am wenigsten als »ein Appell an die ewige Gerechtigkeit Gottes, ein Notschrei der verfolgten Gemeinde«,³) sondern als ein Handwerkszeug der Verstorbenen, von denen also wohl der Eine (oder Beide) Kaufmann war, zu erklären sein. Vielleicht bezieht sich auf solche persönliche Verhältnisse auch das sehr selten erscheinende Haus;⁴) beim

---

1) Calevius vendidit Avinio trisomum, ubi positi erant bini, et Calvilius et Lucius. In pace. Consulatu Stilichonis (400).

2) Kraus sagt S. 293 f.: »Auf Monumenten, die erwiesener Maassen christlichen Ursprungs sind . . . ., ist der Candelaber bis jetzt nicht gefunden worden«. Wir haben hier indes ein solches Beispiel, aber freilich auch wohl das einzige.

3) So Kraus S. 264.

4) Kraus erklärt auch dies symbolisch, entweder als die Kirche, oder als die »ewige Wohnung«. — Hasenclever (S. 204 Anm. 1) bemerkt zu diesem Grabstein: »[Die Wage] nur ein einziges Mal auf einem altchristlichen Grabstein nachgewiesen, cf. Aringhi II, S. 357. Der Grabstein ist wegen des beigesetzten Monogramms nachkonstantinisch. Die Wage und ein Verkaufstisch bezeichnen den hier beigesetzten Calevius als Kaufmann, das Haus soll demnach Abbildung seines Ladens sein«. — Aber 1) kommt die Wage noch sonst vor, z. B. Roller I, pl. 9, n. 23 (= V. Schultze:

Fisch endlich hat man die Wahl zwischen einer Anspielung auf den Namen des beigesetzten Lucius, oder der symbolischen Deutung. Zu ersterem möchte die Wage und das Haus anleiten, zu letzterem Lazarus und der Leuchter.

6) n. 55. *AMIANOΣ* — ein Vogel, einen Zweig im Schnabel, über einem Palmzweig stehend; und eine Figur, die ich nach den Abbildungen bei Aringhi (II, S. 151) und Becker unmöglich für einen Fisch halten kann. Das Original ist verloren.

7) n. 67. Pelagiae etc. — darunter ein Fisch zwischen zwei symmetrisch gestellten Ankern. — Dass diese Bilder als Symbole des Meeres aufzufassen sind, auf das der Name hinweist, ist wahrscheinlich; es hätte durch keine passenderen Zeichen geschehen können.

8) n. 80 übergehe ich, da es ein Delphinmonument ist.

9) n. 81. Maritima etc. — Anker mit zwei Fischen. — Es ist hier derselbe Fall wie bei 7) (n. 67). Wenn irgendwo, müssen wir in diesen beiden Fällen die Deutung auf den Namen annehmen.

10) n. 91. M. M. (wohl aus Versehen statt D. M.), dazwischen zwei concentrische Kreise, deren mittlerer durch drei Diagonalen in sechs Teile zerschnitten ist (ein auf heidnischen Grabsteinen gewöhnliches Ornament); darunter zwei symmetrisch gestellte Fische. Darunter die Inschrift: Valerie Mariem Valerius Epagathus conserve sorori et coniugi quacua vixit an XXXVIII v v pos.[1]) — Also die Verstorbene ist Valeria, welcher ihre Mit-

---

Katak. S. 132), n. 24. n. 32. de Rossi: R. S. III, tav. 30/31, n. 11. — 2) ist die Kaufurkunde auf unserm Stein nicht nur durch das Monogramm, sondern genauer durch das Consulatsjahr datiert: 400. 3) ist hier nicht ein Verkaufstisch, sondern deutlich ein Candelaber abgebildet. Es ist dies unzweifelhaft, da dieser Teil des Steines noch in Urbino existiert. cf. de Rossi: Inscr. I, S. 210. — 4) ist nicht Calevius hier beigesetzt, sondern Calvilius und Lucius. Calevius ist der frühere, überlebende Besitzer des Grabes.

1) Die Abb. bei Becker mangelhaft; Facsimile bei de Rossi: Bull. 1879, tav. 8, 1.
Valeriae Mariem, Valerius, Epagathus, conservae, sorori et coniugi, quacum [aus Versehen statt des M ein A] vixit annos XXXVIII, vivi posuerunt. — Der Stein stammt aus Ravenna, daher führe ich ihn nachher nicht mehr auf.

sclavin Mariem, ihr Bruder Valerius, und [ihr Gatte Epagathus den Denkstein setzten. Die christliche Provenienz des Steines ist mindestens zweifelhaft. De Rossi¹) erkennt dies an, V. Schultze (Katak. S. 129) erklärt ihn bestimmt für heidnisch. Zu beachten ist aber die Form des Namens Mariem, die doch nur aus dem hebräischen מרים verständlich ist; das deutet auf jüdische Herkunft dieser Frau, obgleich allerdings die ursprüngliche Nationalität der Mitsclavin nichts für die Religion der Valeria besagen kann. Unwahrscheinlich ist es mir aber, die Fische als Anspielung auf diesen Namen Mariem zu fassen, wie V. Schultze (Katak. S. 129) will; denn eine solche Illustrierung des Namens eines der Dedikatoren, ist — soweit mir bekannt — noch nicht nachgewiesen worden, und auch unwahrscheinlich. So werden die

---

1) Spic. Sol. III, S. 554: »de cuius christianitate magna quaestio est«. — In Bull. 1879 S. 106 ff. nimmt er in ausführlicher Besprechung seine frühere Auffassung zurück. Ich kann aber weder mit seinem Beweise christlicher Provenienz, noch mit seiner Lesung der Inschrift übereinstimmen. Die Bilder sind keineswegs spezifisch christlich. Das M. M. (selbst wenn es nicht als Versehen des Steinmetzen, statt D. M., sondern als Abkürzung von Memoriae aufzufassen ist) und die Fische können in der nachgewiesenen Bedeutung heidnisch wie christlich sein; von den concentrischen Kreisen sagt de Rossi selbst: »quel segno talvolta è semplice ornamento adoperato anche dai pagani«; das runde Loch aber unten am Stein ist bis jetzt nur auf heidnischen Steinen gefunden und soll mit heidnischen Riten aufs engste zusammenhängen (a. a. O. S. 106, Anm. 2). Wenn nun auch zuzugeben ist, dass hieraus wenigstens mit Sicherheit heidnische Provenienz nicht geschlossen werden kann, da die Christen oft heidnische Formen mechanisch nachahmten, so sind sie im entgegengesetzten Sinn doch keinesfalls zu verwerten. — Die Inschrift liest de Rossi (S. 107): Valeri(a)e Mari(a)e Valerius Epagathus conserv(a)e sorori et coniugi quacu(m) vixit an(nos) XXXVIII v(irginius) v(irginiae) pos(uit). Also Valerius Epagathus soll der Valeria Maria diesen Stein gesetzt haben, und bezeichnet sie als conserva, soror und coniux. Zunächst übersieht de Rossi aber den letzten Buchstaben von Mariem, der schwerlich aus Versehen entstanden ist; dann aber erscheint die Erklärung dieser drei Prädikate, wonach Epagathus später Priester geworden, und daher seine bisherige coniux Valeria als soror gehalten habe, zu abenteuerlich, als dass sie ernsthafte Beachtung verdiente. Endlich ist nicht einzusehen, warum das V V am Schluss hier anders als gewöhnlich, nämlich als viventes gelesen werden soll.

Fische denn wohl den Stand der Familie bezeichnen sollen, oder symbolisch sein.

In vier Fällen also (n. 21. 46 (?) 67. 81) verdankt ein Fischmonument einer solchen Anspielung auf den Namen des Verstorbenen seine Entstehung.

2. Der Fisch als Ornament.

Die verschiedene Beantwortung der Frage, in wie weit die Bildwerke als Ornamente aufzufassen sind, und in wie weit symbolisch, ist vielleicht der Punkt, in dem die katholischen und die jüngsten protestantischen Katakombenforscher am weitesten auseinandergehen. Seit Bosio und Aringhi ist es fast ein Dogma bei den katholischen Interpreten geworden, dass jede Figur in den Katakomben ein heiliges Symbol, ein Zeichen für eine christliche Idee sei; und noch heute wird die symbolische Auffassung für die Bilder der Epitaphien fast ohne Ausnahme von den Archäologen dieser Richtung festgehalten. V. Schultze hat sich zuerst in den »Prolegomena über die Symbolik des altchristlichen Bilderkreises«,[1] dann aber auch in seinen übrigen Arbeiten hiergegen erklärt, und eine ganze Reihe von Darstellungen aus dem symbolischen Cyclus gestrichen, doch ohne eigentlich den Kreis der Ornamente zu vergrössern. Diesen Schritt hat erst Hasenclever gethan, der den gesammten altchristlichen Gräberschmuck für wesentlich ornamental hält und die wenigen Symbole erst durch Ideenassociation aus diesen Ornamenten entstanden sein lässt.

Bei den Fischdenkmälern, welche den Fisch als einziges Bild tragen, liegt die Annahme wohl zu fern, dass es sich dort um ein blosses Ornament handle, sondern es scheint die allein natürliche Annahme zu sein, dass hier das Symbol Christi dargestellt werden sollte. Die bei weitem grössere Klasse der Fischdenkmäler aber trägt ausser dem Fische noch andere Bilder, und hier könnte man allerdings auf den Gedanken kommen, dass diese lediglich ornamentaler Schmuck der Platten sind. De Rossi hat diese Möglichkeit nicht erwogen; er sucht sogar auf den Steinen, wo sich mehrere Bilder befinden, eine noch tiefere Symbolik zu entdecken, die ebendadurch entstehen

---

[1] Arch. Stud. S. 1 ff.

soll, dass mehrere Symbole zusammengesetzt wurden. Gehen wir seinen Spuren nach!¹) Er beginnt diesen zweiten Teil seiner Untersuchung im Spic Sol. mit der Bemerkung, dass es falsch sei, jedesmal, wenn sich mehrere Bilder auf einem Grabe fänden, eine tiefsinnige Beziehung zwischen denselben aufzusuchen. Und das bestätigt schon eine Betrachtung der in unsern Kreis gehörigen Grabsteine durchaus. Sehen wir nämlich die Bilder dort an, so finden wir:

Fisch, Vogel (bezw. Taube) n. 47. 48. 51. 52. 56. 57.
Fisch, Kranz, Vogel, Palme n. 54.
Fisch, Vogel, Vase n. 49. 58.
Fisch, Vogel, Orans n. 59.
Fisch, Anker n. 10. 60—66. 68—70. 78.²) 82—84.
Fisch, Halsband³) n. 37.
Fisch, Porträt n. 38.
Fisch, Palmzweig n. 41.

---

1) Spic. Sol. III, S. 561 ff.; Bull. 1872, S. 119; Kraus, S. 244; Heuser, S. 520; Becker.

2) De Rossi und Becker sehen zwar auf diesem Stein eines oberirdischen Grabes Fisch, Anker und ein Brod dargestellt, und nach der Abbildung bei Becker möchte es allerdings auch so scheinen. Die photographische Abbildung indes, welche mir durch die Güte des Herrn Consistorial-Rat Prof. Dr. Heinrici zugänglich war, zeigt einen andern Befund. Hier sind die beiden Buchstaben der letzten Zeile M und S von derselben Höhe wie der sechsfach geteilte Kreis, und hinter diesem befindet sich ebenso wie hinter den Buchstaben ein Interpunktionszeichen. Danach ist es mir wahrscheinlich, dass dieser Kreis nur eine Rosette ist, ein bedeutungsloses Ornament, das hier angefügt wurde, um die letzte Zeile den andern gleich lang zu machen; an ein Brot ist schwerlich zu denken. Fisch und Anker sind so die einzigen Zeichen, bei denen die Möglichkeit einer symbolischen Bedeutung bleibt.

3) Beckers Abbildung ist falsch und irreführend. Denn hier muss man annehmen, dass sich die Verzierung nach beiden Seiten im Bogen fortbewegt hätte; der Fisch schmiegt sich concentrisch derselben an. So scheint es ein fragmentiertes Ornamentstück zu sein, dessen Charakter als Grabstein recht zweifelhaft erscheint. Auf der photographischen Abbildung bei Roller (I, pl. 10, n. 16) ist die Verzierung links geschlossen, rechts stösst sie an eine Bruchstelle: und es scheint mir richtig, sie mit Roller als collier zu deuten; der Fisch befindet sich rechts daneben.

Fisch, guter Hirte, Schafe, Anker n. 71.
Fisch, Anker, Vogel n. 73. 76.
Fisch, Anker, Vogel, Traube n. 74. 75.
Fisch, Anker, Vogel, Blume n. 77.
Fisch, Hähne n. 86.
Fisch, Vogel, Münze n. 88.
Fische, Schaf n. 87.
Lazarus, Candelaber, Haus, Wage, Fisch n. 46.

Schon bei flüchtiger Übersicht dieser wenigen Monumente leuchtet ein, dass das Verfahren ihrer Verfertiger kein anderes war, als dass sie aus einer nicht sehr grossen, ihnen geläufigen Anzahl von Figuren einige beliebige auswählten, um damit den betreffenden Stein zu schmücken, und dass sie an eine innere Beziehung der Bilder nicht gedacht haben können. Aber de Rossi glaubt bei einigen Verbindungen eine Ausnahme von dieser Regel machen zu müssen, die ihm »pleniorem quoque aliquam christianae fidei professionem arcana quasi scriptura significare voluisse« scheinen. Er macht dort Ernst mit der Rede von der »Hieroglyphensprache« der Katakomben. Um aber bei der Ausscheidung dieser hieroglyphischen von den gewöhnlichen Bildwerken nicht willkürlich zu erscheinen, stellt er bestimmte Merkmale zur Unterscheidung auf. »Si non utcumque appicta symbola sint, sed invicem manifesto coniuncta, si non in uno, sed pluribus variisque monumentis eadem conspicua coniunctio sit, connexum aliquem in his signis sensum esse quaerendum nemo certe non sentiet«. Und diese Merkmale glaubt er bei vier Verbindungen von Bildern anzutreffen, nämlich bei

1) Fisch und Schiff,
2) Fisch und Brot,
3) Fisch und Taube,
4) Fisch und Anker,

und sieht in dem ersten Falle die Kirche, wie sie von Christus getragen wird; im zweiten die leibhaftige Gegenwart Christi in der Eucharistie; im dritten liest er: Spiritus in Christo, bezw., wenn die Taube ein Blatt im Schnabel hat: Spiritus in pace et in Christo; im vierten Fall endlich liest er: Spes in Christo, und wenn der Anker ein Querholz hat, so bedeute das, dass die Hoffnung der Christen auf dem Kreuze Christi ruht.

Für den ersten Fall macht de Rossi drei Monumente namhaft, aber zwei davon sind Gemmen, nur eins ein Epitaph, und dieses hat nicht einen Fisch, sondern einen Delphin unter dem Schiff. Der einzige Fall, wo wirklich ein Fisch und ein Schiff auf einem Grabstein zusammen erscheinen, ist n. 44; da aber hier die beiden Bilder durch die Inschrift getrennt sind, erwähnt ihn de Rossi nicht und scheint dies Zusammentreffen als ein zufälliges zu beurteilen.

Auch die unter 2. genannte Verbindung ist keineswegs häufig; im besten Fall sind hier zwei römische Monumente aufzuführen (n. 92. 94), wovon aber das zweite schwerlich Fische aufzeigt.[1]

Für die dritte Verbindung (Fisch und Taube) bringt de Rossi 17 Monumente bei. Zwei gehen von dieser Zahl ab; n. 53, weil es wohl einen Delphin zeigt, n. 55 aber schwerlich einen Fisch darstellen soll. Statt dessen kommt als neue Entdeckung n. 47 hinzu, sodass also immerhin 16 Beispiele bleiben. Aber de Rossi verschweigt, dass von diesen 16 Monumenten 10 ausser Fisch und Vogel noch andere Bilder haben (n. 49. 54. 58. 59. 73—77. 88), sodass also hier nach seinen eigenen Grundsätzen eine symbolische Verbindung nicht statthaft ist, und dass bei zweien (n. 56. 57) von den übrigen sechs eine »arcana coniunctio« dadurch verboten ist, dass sich zwischen Vogel und Fisch ein grosses Monogramm befindet. Dass sich aber die Taube, dies beliebteste aller Katakombenbilder, etwas häufiger als die andern, nämlich viermal, mit dem Fische verbindet, ist nichts weniger als auffallend, sodass sich schon hieraus eine Widerlegung der hieroglyphischen Leseversuche ergiebt, ohne dass wir die Bedeutung der einzelnen Bilder herangezogen haben.

Nur bei der letzten der vier von de Rossi aufgestellten Klassen treffen seine Bedingungen zu, und hier allerdings in vollem Masse. Denn die Verbindung von Fisch und Anker ist auffallend häufig; sie findet sich nicht weniger als 22 mal.

---

1) Diese Verbindung von Fisch und Brot werde ich im Zusammenhang mit den Wandgemälden, zu denen sie inhaltlich gehören, besprechen.

Noch auffallender ist, dass von diesen Monumenten 17 eben nur Fisch und Anker tragen, was besonders frappierend ist, wenn man damit die nächsthäufige Verbindung des Fischbildes, die mit der Taube, vergleicht, wo auf 14 von den 20 Steinen noch andere Bilder hinzutreten. Und wenn auch von diesen 17 Fisch-Anker-Steinen zwei (n. 67. 81) abgehen, weil wir hier eine Beziehung dieser Bilder auf den Namen des Verstorbenen wahrscheinlich fanden, so bleibt doch immerhin noch die stattliche Zahl von 15 Monumenten für diese Klasse übrig. Auch die zweite Bedingung de Rossi's, dass die Bilder »non appicta, sed invicem manifesto coniuncta« sein müssen, trifft nur hier ein. Denn häufig ist (n. 10. 67. 68. 81. 82. 83. 84. 85) der Anker oder Fisch verdoppelt und symmetrisch zu beiden Seiten des andern gestellt. Aber obwohl hier beide Bedingungen zutreffen, möchte doch de Rossi's Schluss auf eine hieroglyphische Schreibung des Spes in Christo unberechtigt sein. Es lassen sich wohl ebenso wenig Gründe dagegen wie dafür vorbringen; man kann nur auf die grosse Unwahrscheinlichkeit hinweisen, dass diese Steinmetzen in den Katakomben eine Hieroglyphenschrift handhabten. So wird die Verbindung nicht durch die Symbolik der Zeichen zu erklären sein, sondern wohl durch mehr äusserliche Motive. Vielleicht wirkte da mit, dass beide, Fisch und Anker, ursprünglich maritime Zeichen sind, und so den Steinmetzen auch als Symbole noch zusammengehörig schienen; vielleicht ist das Symbol des Ankers ebenso alt wie das des Fisches, sodass sie möglicherweise eine Zeit hindurch die einzigen Symbole waren, und sich so zusammenfanden. Dem Querholz des Ankers aber eine besondere Bedeutung, die auf das Kreuz Christi, beizulegen, ist jedenfalls unberechtigt, da dasselbe ein Teil des wirklichen Ankers ist.

Wir kommen zu unsrer anfänglichen Frage zurück, ob hier nicht der Fisch blosses Ornament sei, ohne jede symbolische Bedeutung. Ich glaube zwar nicht, dass eine Nötigung zu dieser Fragestellung vorhanden ist, wenn man sie in der Form wie Hasenclever (S. 233) aufwirft, ob nicht manche Fischdenkmäler den Fisch nur deswegen trügen, weil man ein einmal beliebt gewordenes Symbol in gedankenloser Weise reproduzierte; auch vermag ich nicht den geringsten Anhalt weder zu einer bejahenden, noch zu einer verneinenden Antwort zu entdecken. Wohl aber drängt der gesammte Bilderkreis, wie er auf den Grabplatten vorliegt, unmittelbar die Frage auf, ob diese Figuren nicht rein ornamental zu verstehen sind, hergestellt nur, um das Grab etwas zu schmücken, und vielleicht auch es von den andern unterscheidbar zu machen. So denkt sich auch Hasenclever im allgemeinen die Bilder entstanden; nur beim Fisch macht er eine nicht ganz verständliche Ausnahme. Die Bilder, welche auf den Platten erscheinen, sind etwa folgende: Taube, Anker, Fisch, Kranz, Palme, Vase, Orans, guter Hirte, Schafe, Traube, Hahn, Lazarus, Noah, Pfau, Ochse, Phönix, Schiff, Pferd und dergl. Streichen wir aus dieser Reihe alle die Vorwürfe, die offenbar in der Wandmalerei entstanden sind und also nicht eigentlich in die Klasse der Grabplattenbilder gehören (Lazarus, Orans, Victoria, guter Hirte mit Schafen, Noah etc.), so bleiben nur Gegenstände des gewöhnlichen Lebens, vor allem Tiere übrig. Es ist im ganzen derselbe Bilderkreis, den wir bei jeder nicht hoch entwickelten Dekorationskunst finden. Überall in der Kunstgeschichte, wo wir Arbeiter von nicht hoher Befähigung sich bemühen sehen, die von ihnen behandelten Gegenstände zu dekorieren, greifen sie nach den Dingen ihrer nächsten Umgebung, besonders dem Tierreich. Eine niedrigstehende Kunst verzichtet auf hochliegende Gegenstände. Und so könnte man leicht geneigt sein, auch diese Produkte der christlichen Handwerker so zu beurteilen, denn alle die aufgeführten Bilder stellen solche Dinge des täglichen Lebens dar, die sich mit wenigen charakteristischen Strichen auch von wenig geübter Hand abbilden lassen. Eine oberflächliche Betrachtung wird wohl so urteilen müssen; aber bei näherer Untersuchung löst sich dieser Bilderkreis bald in verschiedene Rubriken auf. Denn bringen wir alle die Bilder in Abzug, welche schon auf heidnischen Gräbern erscheinen und dort irgendwelche symbolische Bedeutung hatten, und andrerseits die, welche unzweifelhaft als christliche Symbole bezeugt sind, so bleiben nur noch sehr wenige Gegenstände, und diese ausserdem in sehr wenigen Exemplaren übrig, die nicht hinreichen können, eine neue Hypothese zu begründen. Ihre Entstehung ist wohl in irgend welchen persönlichen Beziehungen, als Standesabzeichen, Liebhabereien und dergl. zu suchen. Sodann aber heben sich die drei christlichen Symbole, die m. E. als solche bis jetzt allein nachgewiesen sind, der Fisch, die Taube und der Anker, durch ihr häufiges Vorkommen so von den andern ab, dass sie nicht derselben Beurteilung wie die übrigen, obgleich sie alle aus dem gewöhnlichen Leben gegriffene Zeichen sind, unterliegen.

3. Der Fisch als Gewerbezeichen.

Nicht selten finden sich auf den Epitaphien Utensilien aller Art, besonders Handwerkszeug abgebildet, so Hammer, Meissel, Pike, Winkelmass, Loth, Zange, Ofen, Spiegel, Kamm, Fass, Lanze, Griffel und Rolle, chirurgische Instrumente[1]) und dergl. Eine Reihe früherer katholischer Archäologen pflegte diese entweder als Marterinstrumente aufzufassen, mit denen die hinter den Steinen ruhenden Märtyrer gequält wurden, oder aber sie als Symbole zu erklären. Indessen haben sich de Rossi und seine Schule der Einsicht nicht verschliessen können, dass fast sämmtliche Gegenstände ebenso auf heidnischen Steinen vorkommen, wo sie den ihnen hier zugesprochenen Sinn in keiner Weise haben können. Man hat daher richtig die Mehrzahl von ihnen als Abbildungen des Handwerkszeuges des Verstorbenen erklärt, und nur bei der Minderzahl, wie Wage, Dreieck, Schiff, Haus eine symbolische Bedeutung beibehalten.[2]) Aber auch diese begegnen auf heidnischen Denkmälern als Standeszeichen, und so werden auch sie hier dieser Klasse einzureihen sein, wie V. Schultze und Hasenclever wollen. V. Schultze[3]) macht nun auch darauf aufmerksam, dass zuweilen der Fisch in diesem Sinne angebracht sein möge; ihm folgt darin Hasenclever.[4]) Als Beispiel dafür führt Schultze nur ein Monument, n. 44, an; Hasenclever gar keins.

Die oben angeführten Bilder, welche als Gewerbezeichen anerkannt sind, stellen alle entweder das Handwerkszeug des

---

1) cf. Schultze: Katak. S. 132. Hasenclever S. 203 ff.
2) cf. Kraus S. 263 ff.
3) Chr. Kunstbl. 1880, S. 90; Katak. S. 129.
4) S. 229.

Verstorbenen, oder — in selteneren Fällen — das Produkt seines Handwerks dar. Es lässt sich nun denken, dass der Fisch, ebenso wie der Delphin, als Bezeichnung des Meeres gebraucht wurde, und also einen Beruf charakterisierte, der mit dem Meere in irgend welchem Zusammenhang steht; oder aber, dass er den Beruf eines Fischhändlers andeuten sollte. Wenn wir hierauf die Monumente untersuchen, so werden wir wie bisher es als Regel festzuhalten haben, dass der Fisch als Symbol angewandt wurde, und nur in solchen Fällen, wo ein besonderer Anlass dazu gegeben scheint, dem abgebildeten Fisch die Bedeutung eines Gewerbezeichens zuzuerkennen haben. Denn auch alle andern Gewerbe kommen auf den Grabsteinen nur vereinzelt vor; da ist es zu erwarten, dass dasselbe auch bei dem Gewerbe des Fischers, Schiffers und Fischhändlers der Fall sei.

Bei den uns vorliegenden Abbildungen bemerken wir in vier Fällen, dass der Fisch, von der conventionellen Form abweichend, bestimmte, charakteristische Merkmale hat, sodass wir deutlich die Absicht des Verfertigers erkennen, dass er nicht im allgemeinen einen Fisch, sondern eine bestimmte Sorte darstellen wollte. Bei n. 66 und 73 mag freilich die Schuld nicht den Steinmetzen, sondern den Holzschneider treffen, denn die beiden Steine sind nur in den Holzschnitten Bosio's bekannt; aber n. 16 und 62 sind noch vorhanden, und bei den vorliegenden modernen Abbildungen darf man grössere Treue voraussetzen. n. 16 giebt einen stacheligen Fisch, n. 62 einen sehr dünnen, vielleicht einen Aal, die n. 66 und 73 den gleichen, dicken Fisch, bei dem man freilich an die Möglichkeit denken muss, dass er ein corrumpierter Delphin ist. Wenn wir aber eine bestimmte Sorte von Fischen auf einem Grabstein sehen, so ist das nicht gut anders zu erklären, als dass der Verstorbene zu diesem bestimmten Fisch in näherer Beziehung stand; etwa dass er sich besonders mit dem Fang oder mit dem Verkauf desselben beschäftigte. Dass Christus durch eine bestimmte Sorte von Fisch dargestellt wurde, ist mir wenig wahrscheinlich. Bei n. 73 scheint sich diese Annahme noch dadurch zu bestätigen, dass sich neben dem Fisch ein Dreizack befindet; und dies Symbol des Meergottes zieht den besonders gebildeten Fisch stärker in den maritimen Kreis herüber, als die auch daneben stehende

Taube (ohne Ölblatt) in den symbolischen. Auf zwei andern von diesen vier Steinen (n. 62. 66) steht als zweites Bild neben dem Fisch der Anker, der ja auch als maritimes Zeichen älter ist wie als symbolisches; und so glaube ich auch hierin eine Bestätigung für unsre Klassificierung zu erblicken. Hiernach könnte man weiter geneigt sein, auch alle die übrigen Monumente, wo ein Anker neben dem Fisch in conventioneller Form steht, als Gewerbezeichen zu proklamieren; aber diese Verbindung ist eine gar zu häufige, sodass man hier Fisch und Anker besser in ihrer symbolischen Bedeutung belässt.

Ein einziges Mal findet sich ferner neben dem Fische ein Nachen (n. 44). Diese Verbindung ist sehr passend zur Bezeichnung des Fischer- bezw. Schiffergewerbes des Verstorbenen. In vorliegendem Falle wird diese Auffassung noch dadurch unterstützt, dass laut der Inschrift der Stein von den sodales dem verstorbenen Mitgliede gesetzt ist. Denn wenn eine Genossenschaft ein Monument errichtet, wird sie dasselbe mit ihren Emblemen schmücken. Es wird also eine Schifferinnung gewesen sein, die den Aur. Hermaiscus durch diesen Stein ehrte.[1])

Bei n. 88 sind zwei Fische auf dem Stein zu bemerken, und zwar ist dies der einzige Fall von Verdoppelung des Fisches, wo dieselbe nicht aus Gründen der Symmetrie erfolgte. Weshalb man den symbolischen Fisch in dieser Weise verdoppelte, ist nicht einzusehen; zur Charakterisierung des Gewerbes ist dies natürlich, und weit deutlicher als das Bild eines einzelnen Fisches.[2])

Schwerlich symbolisch ist endlich der Fisch auf n. 75. Hier hängt der Fisch an einer Angelschnur, die zwischen den Flügeln eines Ankers befestigt ist — ein seltsames Bild, bei dem der Umstand, dass der Stein verloren ist, auf die Vermutung führt,

---

1) V. Schultze hält dies Epitaph für heidnisch (Katak. S. 103 u. 129), und es ist allerdings nichts spezifisch Christliches an ihm zu entdecken.

2) Daneben befindet sich ein Vogel, der auf einem Zweige sitzt — wohl ein den Mustern der Wandgemälde nachgebildetes Ornamentstück; und eine Münze (nicht das »Porträt des Verstorbenen«, wie Becker S. 71 meint), die ihre Erklärung wohl auch nur in persönlichen Verhältnissen findet.

dass diese von Marangoni stammende Abbildung corrumpiert ist. Ist sie aber echt, so kann sie wohl nur als Gewerbezeichen erklärt werden.[1]) Bei sieben Monumenten also (n. 16. 44. 62. 66. 73. 75. 88) scheinen Anzeichen irgend welcher Art darauf hinzudeuten, dass der Fisch Gewerbezeichen und nicht Symbol ist.

Von den 67 römischen Fischmonumenten, welche in den Kreis unsrer Betrachtung gehören, gehen also höchstens 12 als nichtsymbolisch ab; bei vieren (n. 21. 46 (?). 67. 81) hatte das Fischbild wahrscheinlich nur den Wert einer Anspielung auf den Namen, bei sieben andern (16. 44. 62. 66. 73. 75. 88) schienen Gründe vorhanden, den Fisch als Bezeichnung des Gewerbes des Verstorbenen zu fassen; über n. 92 endlich behalten wir uns eine Besprechung im folgenden Abschnitt, wohin es eigentlich gehört, vor. Bei den übrigen 55 Fischmonumenten scheint mir, soweit ich nach den allerdings nicht immer befriedigenden Notizen und Abbildungen bei de Rossi und Becker urteilen kann, kein Grund vorzuliegen, sie aus der symbolischen Klasse zu streichen, sie werden wohl alle Christus darstellen sollen, teils durch die Legende *IXΘYΣ*, bei welcher die Erinnerung an die Entstehung des Symbols noch zu Tage tritt, teils durch das Bild des Fisches.[2])

Ich glaube nun nicht, dass uns diese Steine in ihrer Gesammtheit noch irgend eine Frage vorlegen; nur eine Bemerkung gegen de Rossi und seine Schule sei noch gestattet. De Rossi widmet den ganzen ersten Teil seiner Untersuchung im

---

1) Die katholischen Archäologen haben dies Bild bis jetzt unbeachtet gelassen, sonst würden sie schwerlich versäumt haben, in Verbindung mit ihrer Verwertung des Ankers als crux dissimulata es als Darstellung des am Kreuz hängenden Christus zu reclamieren.
2) Die symbolischen Fischbilder sind also: n. 10. 15. 17—20. 22. 23. 25. 26. 28—31. 37—39. 41. 47—49. 51. 52. 54. 56—61. 63—65. 68—71. 74. 76—78. 82—84. 86. 87. — Bemerkenswert ist hier vor allem n. 15, weil dort der Fisch von einem späteren christlichen Benutzer als christliches Bekenntnis über einer ausgekratzten heidnischen Inschrift angebracht wurde (cf. de Rossi n. 69). — Die *IXΘYΣ*-Legenden n. 1—9.

Spic. Sol. (S. 546—560) dem Nachweise, dass der Fisch in den Katakomben zu den ältesten Symbolen gehört, dass seine Anwendung in das 2. und 3. Jahrhundert fällt und dass dieser Gebrauch im 4. Jahrhundert allmählich abgenommen habe. Die Monumente besagen nun zwar nur wenig, denn de Rossi vermag auch nicht ein Fischbild anzuführen, das mit Sicherheit dem 2. Jahrhundert angehört. Da wir aber an der Hand der literarischen Quellen die Entstehung des Symbols in der ersten Hälfte des 2. Jahrhunderts wahrscheinlich machen konnten, so wird das Symbol auch wohl schon im 2. Jahrhundert zur Ausschmückung der Gräber benutzt worden sein; denn der Schritt zur bildlichen Darstellung ist beim Fischsymbol so leicht, dass derselbe auch gethan sein wird, sobald das Symbol populär wurde. Der weiteren Behauptung de Rossi's aber, dass der Gebrauch des Symbols schon im 4. Jahrhundert allmählich abgenommen habe, widersprechen die Monumente aufs bestimmteste. Es ist leicht, hier de Rossi aus dem von ihm selbst beigebrachten Material zu widerlegen. Er bespricht nämlich nur einige 20 Monumente auf ihr Alter hin, von denen wir 18 als symbolische anerkennen. Von diesen sind 9 (n. 1. 10 (?). 17. 18. 20. 60. 61. 65. 68 [?]) vorconstantinisch, wenn auch bei einigen von ihnen de Rossi's Versicherung mein einziger Grund für diese Ansetzung ist, 9 andere dagegen (n. 2. 4. 8. 39. 46. 56. 57. 69. 70) tragen deutliche Merkmale der nachconstantinischen Zeit, denn als solches ist doch jetzt auch das Monogramm erwiesen. Nach dieser Auswahl muss gesagt werden, dass wir etwa gleich viele Fischmonumente aus vorconstantinischer wie aus nachconstantinischer Zeit besitzen;[1]) und von de Rossi's Behauptung wird höchstens noch der Punkt zu halten sein, dass wir nur wenige Fischdenkmäler aus der allerletzten Zeit der Katakomben,

---

1) Danach ist die stark übertriebene Behauptung von Kraus (S. 240) zu corrigieren, dass der Fisch auf »fast hundert« Grabschriften des dritten Jahrhunderts erscheine. Denn Kraus hat keine neuen Beweise. — Wenn derselbe S. 239 sagt, dass der Gebrauch des Fischsymbols »seit der ersten Hälfte des dritten Jahrhunderts« abnahm, so ist das wohl ein Druckfehler statt: vierten, der sich allerdings schon in der ersten Auflage findet.

dem 5. Jahrhundert, besitzen. Damit fällt aber der Punkt, an dem das eigentliche Interesse de Rossi's hängt. Im Kreise der katholischen Archäologen ist es eine sehr beliebte Ansicht, dass das Fischsymbol hauptsächlich in den »Zeiten der Verfolgung« angewandt sei; es soll eine »sacra tessera« gewesen sein, in der sie selbst ein heiliges Zeichen des Erlösers sahen, das aber den unberufener Weise in die Katakomben eindringenden Heiden in seiner tiefen Bedeutung verborgen bleiben musste.[1]) Unter diesem Gesichtspunkt wird es sogar unter die Gegenstände der Arkandisciplin gerechnet. Diese Ansicht wurzelt in der Gesammtanschauung, wonach man sich die Kirche der ersten drei Jahrhunderte als ein einziges, grosses Martyrium vorstellt. Soweit es den Fisch angeht, widersprechen die Monumente dieser Ansicht durchaus; aber auch davon abgesehen, ist der praktische Wert einer solchen »sacra tessera« schwer einzusehen. In den christlichen Katakomben wurden ja nur Christen begraben; drangen also einmal Heiden dort ein — was gewiss selten genug geschah —, so wussten sie doch, dass alle diese Gräber christlich waren, und sie werden sich wenig bemüht haben, die darauf angebrachten Zeichen zu enträtseln. So wird auch das Fischsymbol schwerlich aus dem Grunde angebracht oder gar erfunden worden sein, um Nichtchristen Geheimnisse des christlichen Glaubens zu verschleiern.

Zweiter Abschnitt.
Der Fisch auf den Wandgemälden.
1. Die Mahle in den Sacramentskapellen von S. Callisto.

Die sechs kleinen, dicht neben einander liegenden cubicula, welche seit Marchi den Namen »Sacramentskapellen« führen, öffnen sich nach einer Gallerie, die nach den Untersuchungen der Brüder de Rossi[2]) eine der ältesten in S. Callisto ist. Die-

---

1) Spic. Sol. III, S. 553; ausserdem noch öfter, z. B. Bull. 1873' S. 139; 1875, S. 90. — Kraus S. 239. — Heuser S. 516. — Becker S. 17 ff.
2) R. S. II, S. 244 ff. Anhang S. 20 ff.

selben haben dann weiter nachgewiesen, dass die drei am weitesten nach Osten gelegenen Kammern A, B, C,[1]) die ältesten sind, und noch der ersten Ausgrabungsperiode angehören; die drei übrigen aber in der Reihenfolge von West nach Ost entstanden sind, sodass die älteste dieser letzten drei Kammern, D, am weitesten von der noch früheren Gruppe A B C entfernt ist, die jüngste, F, sich unmittelbar an C anschliesst. Sie alle gehören nach de Rossi,[2]) dem sich V. Schultze[3]) anschliesst, der ersten Hälfte des dritten Jahrhunderts an, vielleicht der Zeit der Bischöfe Zephyrinus (199—217) und Callistus (217—222). Was diese cubicula wichtig und interessant macht, sind ihre Fresken, mit denen sie an allen Seitenwänden und an der Decke ausgestattet sind. Die von A sind freilich völlig zerstört, auch in den andern fehlen oft ganze Teile, aber das Übriggebliebene bietet noch des Interessanten genug. Es liegt uns hier ein eigener Bildercomplex vor; fast alle Darstellungen kehren hier mehrere Male wieder, einige sind sonst in den Katakomben unbekannt, und so schliessen sich diese Kammern ebenso sehr unter einander fest zusammen, wie gegen alles Übrige ab. — V. Schultze hat nun mit kunsthistorischen Mitteln den für die Interpretation wichtigen Nachweis geführt, dass die Fresken in B die ältesten sind, dass die in C diese voraussetzen, und die in D E und F wieder von diesen beiden abhängig sind. Mit B hat also die Erklärung zu beginnen.[4]) Was uns hier zunächst angeht,

---

1) Ich rezipiere hier die Benennungen V. Schultzes als die bequemeren; de Rossi nennt sie A^1, A^2 etc.

2) Spic. Sol. III, S. 570 ff.; R. S. a. a. O.

3) In dem auch weiterhin citierten Aufsatze in den Arch. Stud. S. 22—98: »Die Fresken der Sacramentskapellen in S. Callisto« S. 97 f.

4) De Rossi (ebenso Becker, und daher auch Merz; und Heuser) kennt in dem Spic. Sol. merkwürdiger Weise das Mahl in B noch nicht. Er geht bei der Erklärung des ganzen Cyclus von dem Mahl der zwei Personen in C aus, und gelangt so zu seinen Aufstellungen. Ebenso noch in der R. S., S. 331 ff., obwohl er damals das Mahl in B kannte. Er scheint sich die Frage nicht vorgelegt zu haben, welches cubiculum, B oder C, älter sei. Seiner Darstellung liegt also ein methodischer Fehler zu grunde. Ihm folgt Kraus, S. 313 ff.

ist die Darstellung eines Mahles von sieben Personen, an der linken Seitenwand des Kubiculums, rechts. Mit den beiden Scenen, die sich links an dasselbe anschliessen, Mose's Quellwunder und eine Fischfangsscene, hängt unser Bild nicht zusammen.[1]) Wir können es daher ohne Rücksicht darauf betrachten. V. Schultze[2]) beschreibt es so: »Das Mahl, welches das rechts anschliessende, durch eine Demarkationslinie scharf abgesonderte Feld zeigt, wird von sieben männlichen jugendlichen Personen gefeiert, die in idealer Nacktheit gebildet sind. Jeder der Gastmahlsgenossen streckt einen Arm nach zwei grossen, auf Schüsseln vorgelegten Fischen aus, während sie — zwei ausgenommen — den andern Arm in lebhaftem Gestus erheben. Vor dem Tische sind die oberen Teile von sieben brotgefüllten Körben erhalten.«[3]) De Rossi's Erklärung[4]) ist folgende. Er geht aus von der Siebenzahl der Speisenden, die er als historische Reminiscenz an das Mahl der sieben Jünger am See Tiberias (Joh. 21) auffasst.[5]) Von diesem Punkte aus lässt er sich den weiteren Weg seiner Interpretation vorschreiben durch die Äusserungen zweier Schriftsteller des fünften Jahrhunderts über dieses Galiläische Mahl: Pseudo-Prosper und Augustin. Ersterer wird falsch citiert und falsch verstanden, indem ihm in den Mund gelegt wird, jenes Mahl der Jünger sei ein Typus des Abendmahls.[6]) Augustin deutet wirklich die sieben Jünger als die Gesammtheit der Kirche, Fisch und Brot als Christus; die eucharistische Auffassung des Mahles wird auch ihm mit Unrecht beigelegt.[7]) Diese teils vor-

1) cf. Hasenclever, S. 238.
2) Ich füge hier und auch weiterhin die Beschreibungen von V. Schultze ein; es scheinen mir dies die präcisesten unter den vorhandenen zu sein, und ich halte es für besser, diese anzuführen, die unter dem Eindruck der Gemälde selbst entstanden, als dass ich die mir vorliegenden Abbildungen beschriebe.
3) Abb.: De Rossi, R. S. II, tav. 11, tav. agg. D, tav. 15; Roller, pl. 23.
4) Spic. Sol. III, S. 568 ff. Weit kürzer ist die Darstellung R. S. II, wo er auf jene ausführlichere Darlegung verweist.
5) Ebenso: R. S. II, S. 341.
6) cf. unsere obige Besprechung dieser Stellen.
7) Im Spic. Sol. erklärt de Rossi die sieben Körbe und ihre Beziehung zu dem Bilde nicht. Er findet sich mit ihnen erst R. S. I, S.

geblichen, teils wirklich vorhandenen Allegorien dieser Schriftsteller des fünften Jahrhunderts werden nun in das Gemälde des dritten Jahrhunderts hineingelegt, und so behauptet, dass hier zwar das Mahl Joh. 21 abgebildet sei, aber es sei die Absicht des Malers gewesen, das Abendmahl in verschleierter Form darzustellen. — So nach de Rossi's Vorgang auch Kraus, Heuser und V. Schultze. Nur Becker (S. 120) sieht in den Sieben die Gesammtheit der Gemeinden (nach Apoc. 2 und 3), »welche nach den Vorbildern und Unterpfändern (dazu gehören besonders auch die wunderbaren Speisungen in der Wüste) nun das Höchste erlangt haben: den Genuss des *IXΘYΣ* in der Vollendung des Reiches Gottes, in der Vollzahl ihrer Glieder.« Gegenüber de Rossi's Angriff in R. S. II, S. 341 f. hat er übrigens seine Deutung später im Wesentlichen zurückgenommen (so nach Kraus S. 318 Anm. 5). — Aber was auch im Einzelnen gegen de Rossi's Auslegung einzuwenden sein mag — das Eine scheint doch zunächst einzuleuchten bei der Betrachtung dieses Bildes:

---

349 f., II, S. 340 (das Bull. 1865, wo er sich hierüber auch aussprechen muss, war mir leider nicht erreichbar), und erklärt sie dort richtig als Anspielung auf die Speisung der 4000 (Mt. 15). Dies neue Moment fügt er seiner bisherigen Auffassung dadurch ein, dass er behauptet, die Kirchenväter deuteten allgemein eben dies Speisungswunder auf das Abendmahl. Dem Maler sei dies bekannt gewesen, und so bringe er hier zu der ersten biblischen Beziehung — auf das Mahl der Jünger — noch die zweite, auf das Speisungswunder bezügliche. Nach der altkirchlichen Auffassung vereinigten sich beide Erzählungen in ihrer gemeinsamen Beziehung auf das Abendmahl. — Aber auch hier ist wieder einzuwenden:

I. Dass die vorgeführten Zeugen hier nicht in Betracht kommen können, da sie mindestens 1½ Jahrhunderte nach der Entstehung dieses Gemäldes schreiben;

II. Dass sie nicht das besagen, wofür sie angerufen werden. Die Stellen sind nämlich diese: »Duo pisces turbis dantur; **nondum enim concessum apostolis erat**, ad vitae aeternae cibum coelestem panem perficere ac ministrare« (Hilarius: In Matth. 14); »in apostolorum ministerio **futura** divisio dominici corporis sanguinisque praemittitur.« (Ambrosius: In Luc. 9); »ubique igitur mysterii ordo servatur, ut prius per remissionem peccatorum vulneribus medicina tribuatur, postea caelestis mensae alimonia praebeatur« (Augustin: sermo 163 in Mai: Nov. bibl. I, S. 303). Alle drei Autoren deuten das Speisungswunder durch Zahlensymbolik, wie wir oben sahen. Wenn aber der Eine an die Aufeinander-

dass es nicht ein Genrebild, nicht eine historische Scene, sondern eine symbolische Composition ist. Das scheinen die verschiedenen Teile des Bildes deutlich auszusagen: 1) die Speise, der Fisch, dessen sacramentale Bedeutung wir kennen lernten, 2) die Siebenzahl der Speisenden, 3) die sieben Körbe, die offenbar dem Speisungswunder entnommen sind. Dass diese scheinbar so verschiedenartigen Elemente hier in einer Darstellung vereint sind, legt die Vermutung nahe, dass sie als Bindeglied eine ihnen gemeinsame Symbolik enthalten, durch welche sie sich hier zusammen fanden. Sehen wir uns diese drei Teile des Bildes näher an! — Die Siebenzahl der Speisenden zunächst aus Joh. 21 herzuleiten, ist mir unwahrscheinlich. Was der Erzählung dort und dem Bilde hier gemeinsam ist, ist eben nur diese Siebenzahl und die Fische, die auch dort einen Teil der Speisen ausmachen. Die Fische aber lassen, wie wir sehen werden, noch manche andere Erklärung zu, und mit der Zahl 7 ist als einer heiligen Zahl im Judentum und Christentum unter allen Zahlen am meisten Symbolik getrieben worden.

---

folge von Heilungen und Speisung, der Zweite an die Austeilung der Speisen durch die Apostel einen Vergleich mit dem Abendmahl knüpft, der Dritte gar nur auf einen Unterschied zwischen diesen beiden Mahlen aufmerksam macht, so ist de Rossi's Auffassung durchaus ausgeschlossen. Als vierte Stelle kommt noch hinzu eine Stelle aus der Rede des Liberius, die ich nach Kraus S. 251, Anm. 1 citiere: »Hic est qui rogatus ad nuptias aquam in vina convertit . . . . Hic est qui quinque panibus et duobus piscibus quattuor millia populi in deserto pavit . . . . . Denique ad nuptias tuas plures vocavit; sed jam non panis ex hordeo, sed corpus ministratur e coelo«. Auch hier also bloss eine Gegenüberstellung des Brotes hier und des Leibes Christi dort! Keine dieser Stellen enthält also, was von allen behauptet wird, eine allegorische Deutung des Speisungswunders auf das Abendmahl; und wenn sie das wirklich enthielten, so könnte auch das für unser Katakombenbild noch nicht beweisend sein. Die willkürlichen Allegorien der altkirchlichen Exegeten und die Fresken der Katakombenmaler haben sich sicherlich gegenseitig unbeeinflusst gelassen! Ihnen gemeinsam können nur populäre Anschauungen sein, die als solche erst nachzuweisen wären. — Wenn Hasenclever S. 234 sagt: »Wir finden fast in der ganzen patristischen Literatur das Speisungswunder in Beziehung auf das Abendmahl gesetzt«, so ist das eine starke Übertreibung.

Bei einem Gemälde aber, dessen symbolischer Charakter allgemein zugestanden wird, liegt es gewiss näher, an Zahlensymbolik zu denken, als an eine historische Reminiscenz. Die Zahl 7 nun ist bei den diesem Gemälde etwa gleichzeitigen Schriftstellern nicht nur schlechthin eine heilige Zahl, sondern sie ist die Zahl der Vollendung, die ökumenische Zahl. Mehrfach wird in ihr die ganze Kirche repräsentiert gefunden. Der Muratorische Fragmentist (Z. 47—49) beweist aus dem Umstande, dass Paulus an eine Siebenzahl von Gemeinden schrieb, dass diese Briefe an die ganze Kirche gerichtet sind, und ebenso erklärt Cyprian (Test. I, 20; ad Fortun. 11), dass die Zahl 7, wo sie nur in der h. Schrift begegnet, die ganze Kirche bezeichne. Wollen wir also eine Symbolik hier annehmen, so müssen wir diese in jener Zeit geläufige Zahlendeutung rezipieren, und in den sieben Gastmahlsteilnehmern die ganze Kirche dargestellt sehen. Die Sieben strecken ihre Hände nach zwei auf Schüsseln aufgetragenen Fischen aus. Wie sind diese zu deuten? Schon der Umstand, dass es deutlich zwei Fische sind, hätte die bisherigen Ausleger an ihrer Deutung auf Christus irre machen sollen. Wenn ein Maler wirklich Christus als eucharistische Speise unter dem Bilde des Fisches darstellen wollte, konnte er nur einen Fisch anbringen, und nicht zwei. So werden wir also davon absehen müssen, die Fische im Sinne der sacramentalen Symbolik zu verstehen, und nach einer andern Erklärung suchen. Und diese ergiebt sich leicht aus der durch die sieben Körbe angedeuteten Beziehung auf das Speisungswunder. Dort sättigt nach den evangelischen Berichten der Herr das Volk mit fünf Broten und zwei Fischen; dasselbe thut er auch hier auf dem Bilde an der ganzen Kirche. Allerdings erlaubt sich der Künstler dem Berichte der Evangelien gegenüber einige Freiheiten. Zunächst ist ungewiss, ob er auch Brot dargestellt hat. Es ist jetzt wenigstens nicht mehr zu sehen. Vielleicht ist es nur dem Zahn der Zeit zum Opfer gefallen, vielleicht aber hielt der Künstler dies für überflüssig, wenn er schon die sieben Körbe voll Brotbrocken darstellte. Sodann aber vermischt er die beiden Speisungswunder: aus der Speisung der 4000 (Mt. 15 und Par.) entnahm er die Siebenzahl der Körbe, aus der Speisung der 5000 (Mt. 14 und Par.) die Zweizahl der Fische. Eine Erklärung hierfür ist leicht. Wollen wir nicht annehmen, dass der Maler unabsichtlich die beiden Geschichten in ihren Einzelheiten nicht genau auseinander hielt, so leuchtet das ein, dass er es aus Gründen der Zweckmässigkeit that. Nur der Bericht von der Speisung der 5000 giebt eine bestimmte Anzahl von Fischen an; er bietet zugleich zwölf Körbe Brocken. Diese hier anzubringen, erlaubte der beschränkte Raum nicht; so entnahm er aus der einen Erzählung das eine, aus der andern das andere Moment. — Die drei symbolischen Stücke des Bildes, von denen wir ausgingen, sind also auf zwei reduziert: auf die durch die Sieben symbolisierte Kirche, und die in den Körben und Fischen angedeutete »wunderbare Speisung«. Der Maler dachte sich die ganze Kirche als teilnehmend an der wunderbaren Speisung. Es ist nun aber undenkbar, dass der Künstler auf diese Combination durch Willkür kam; er muss dadurch einen bestimmten Gedanken haben ausdrücken wollen. Es sind da verschiedene Möglichkeiten zu erwägen.

1. Herr Prof. Dr. Ad. Harnack hat einmal[1]) darauf aufmerksam gemacht, dass Brot und Fisch vielleicht allgemein als Bezeichnung asketischer Lebensweise, d. h. der »unschuldigen Speise« galten, und führt dafür an, dass die Marcioniten kein Fleisch, wohl aber Fische genossen. Diese Anschauung spricht deutlich auch Clemens von Alexandrien aus, wenn er in dem Fisch die $\varepsilon\ddot{v}\varkappa o\lambda o\varsigma\;\varkappa\alpha\grave{\iota}\;\vartheta\varepsilon o$-$\delta\dot\omega\varrho\eta\tau o\varsigma\;\varkappa\alpha\grave{\iota}\;\sigma\dot\omega\varphi\varrho\omega\nu\;\tau\varrho o\varphi\dot\eta$ sieht;[2]) und es ist wohl möglich, dass diese Anschauung auch die des Künstlers war. Es läge hier dann der Gedanke vor, dass die Kirche Christi eine einfache Lebensweise führt. Das ist allerdings ein Vorwurf weit niederer Gattung, als der, den man bisher hier suchte; aber wer will es beweisen, dass der Maler dieses kleinen, einfachen Bildes einen tiefsinnigen symbolischen Gedanken ausführen wollte? Die Anbringung der sieben Körbe und zwei Fische scheint freilich darauf zu weisen, dass es dem Künstler wesent-

---

1) Theol. Lit.-Ztg. 1882, Sp. 373 f.
2) Paed. II, 1.

lich auf den Gedanken der wunderbaren Speisung ankommt. Aber sie stehen dieser Auffassung nicht direkt im Wege, da sie das besagen können, was Clemens a. a. O. ausführt, dass der Herr beim Speisungswunder ein Muster rechter Frugalität für die Christenheit aufgestellt habe. Nur das ist zuzugeben, dass bei dieser Erklärung dieser Teil des Bildes nur als ein Nebengedanke zur Verwertung kommt.

2. Man könnte versucht sein, unter diesen allerdings völlig veränderten Umständen noch an der Deutung dieses Bildes als symbolischer Darstellung des Abendmahls festzuhalten. Der Künstler ist vielleicht dem Gedankengange von Joh. 6 gefolgt, und knüpft an das Speisungswunder die Vorstellung von dem Fleisch und Blut Christi, die im Abendmahl erscheinen, an. Das scheint für einen Christen der ersten Jahrhunderte ein sehr naheliegender Gedanke zu sein. Das Abendmahl ist ferner eins der Bindeglieder für die ganze Christenheit; daher ist uns hier in einem idealen Bilde die ganze Kirche als feiernd vorgeführt. Ein fester Anhaltspunkt für diese Erklärung scheint ausserdem darin zu liegen, dass an der Rückwand dieses cubiculum ein Taufact dargestellt ist. Aber näher besehen, ist dies nicht beweisend. Denn die hier vorliegende Bilderreihe stellt in keiner Weise einen zusammenhängenden Cyclus dar; wenn sich also auch das eine Sacrament dort findet, so ist damit noch kein Grund vorhanden, auch nach dem andern zu suchen. Aus der Vergleichung dieser beiden Bilder entsteht sogar ein schweres Bedenken **gegen** die sacramentale Auffassung unsers Mahles. Warum sollte derselbe Maler, der dort klar und deutlich einen Taufakt darstellte, hier nicht ebenso zweifellos eine Darstellung des Abendmahls geben, indem er den Teilnehmern Brot und Wein vorsetzte? Wollte er eine Beziehung zum Speisungswunder herstellen, so genügten dazu die sieben Körbe völlig.

3. Es ist aber noch zu erwägen, ob hier nicht eine **dritte** Erklärung möglich ist, die gewöhnlich auf die Mehrzahl der andern Gastmahlsdarstellungen angewandt wird, die des himmlischen Freudenmahles. Es scheint dies hier recht gut zu passen. Der Maler versetzte sich ins Jenseits. Er sah dort die ganze Christenheit versammelt, und als Inhalt der Seligkeit

dachte er sich ein Mahl, bei dem Christus der Wirt ist, wie bei den Speisungswundern auf Erden. Darum legt er der Christenheit dieselbe Speise vor, die Christus den 4000 gab. Das Bild ist also etwa eine Ausführung des Gedankens: Μακάριοι οἱ εἰς τὸ δεῖπνον τοῦ γάμου τοῦ ἀρνίου κεκλημένοι (Apc. 19, 9. 17. cf. Mt. 22, 1 ff. Luc. 14, 16 ff.). Zugleich — und das ist nicht unwichtig — träte dann dies Bild in die Reihe der andern symbolischen Katakombenbilder ein, die in den verschiedensten Formen hier an den Gräbern dem Christen das ewige Leben darzustellen suchen.

Unter der Voraussetzung des symbolischen Charakters unsers Bildes liegen diese drei Möglichkeiten für die Erklärung vor; und es wird schwer sein, zwischen ihnen zu wählen. Durch scharfes Abwägen aller Details wäre es vielleicht möglich, mehr Gründe für die eine, als für die andre Auffassung vorzubringen. Aber die einer solchen Kritik zu grunde liegende Voraussetzung: dass der Maler seinen Gedanken, den er darstellen wollte, durch alle Details des Gemäldes folgerichtig und genau durchgeführt habe, ist in den Katakomben kaum annehmbar. Bei den immerhin geringen Künstlern, die hier arbeiteten sind alle Arten von Willkürlichkeiten und Inkonsequenzen für möglich zu halten. Gerade das, was uns am unwahrscheinlichsten dünkt, hat unser Maler vielleicht im Sinn gehabt; und möglicher Weise ist ihm der Ausdruck seiner Gedanken so schlecht gelungen, dass noch kein Kritiker seine Absicht erriet. Von hier aus erhebt sich aber ein Bedenken gegen alle drei eben angegebenen Deutungen des Bildes. Ist es denn anzunehmen, dass ein solcher, nicht hoch über dem Handwerker stehender Künstler überhaupt solche symbolische Gedanken concipierte und im Bilde wiedergiebt? Alle Deutungen, die wir versuchten, repräsentieren einen phantasievollen, theologischen Gedanken, wie er sehr wohl im Kopf eines Gelehrten jener Zeit entstehen konnte, aber schwerlich in dem eines solchen Malers.[1]) Der Grund unsrer bisherigen Erklärungen: die An-

---

1) Die gewöhnliche Aushülfe hier ist die, dass man diese Bilder unter Leitung und nach Angabe des Clerus entstanden sein lässt. Vergl. dagegen: V. Schultze: Arch. Stud. S. 57 f., Katak. S. 96; Hasenclever S. 9 ff.

nahme einer symbolischen Composition, ist also im höchsten Grade ungewiss; es müssen im Gegenteil schon starke Gründe angeführt werden, ehe wir zu dieser Annahme schreiten. Zunächst aber müssen wir versuchen, zu einer einfacheren, nicht symbolischen Erklärung zu gelangen. Es ist dazu notwendig, dass die Mehrzahl verschiedenartiger Beziehungen, welche bisher alle Erklärer zum Aufbau einer solchen theologischen Spekulation veranlasst hat, überhaupt verschwindet. Oben hatten wir schon die von allen anerkannten drei symbolischen Elemente auf zwei reduziert; jetzt müssen wir versuchen, sie auf eins zurückzuführen. Sehen wir von diesen Überlegungen auf unser Mahl zurück, so scheint ein fester Anhaltspunkt noch geblieben zu sein, die Bezugnahme auf das Speisungswunder, die in den sieben Körben und den zwei Fischen ausgedrückt ist. Aber die Deutung der Siebenzahl der Personen ist zweifelhaft. Wenn auch den Gelehrten jener Zeit die Symbolik der 7 geläufig war, konnte sie unserm Maler doch unbekannt, oder wenigstens hier von ihm ignoriert worden sein. Es wird ihm vielmehr die 7 als die passendste Ergänzung der 4000 Mann des Evangeliums erschienen sein. Es ist das nicht eine blosse Vermutung, sondern wir haben ein Gemälde in den Katakomben, welches zu dieser Auskunft zwingt, auf der Rückwand eines Arkosols im Cömeterium der Priscilla (Aringhi, Bd. II, S. 113). Wir sehen da sieben Personen in langen Gewändern, vor denen sieben Brote und zwei Fische liegen. In einiger Entfernung vor ihnen stehen sieben Körbe mit Brot. Die Leute selbst sind auf die Kniee gesunken; hierdurch wie in ihren Gesten scheint Staunen und Dankbarkeit ausgedrückt zu sein.[1]) Es ist offenbar,

---

1) De Rossi (R. S. II, S. 341, Anm. 5) sagt zwar über das Bild: »spettante alla classe dei primi inesattissimi saggi di copie delle sotterranee pitture, dei quali ho parlato nel T. I. pag. 21 e segg. Ed ho buoni argomenti per credere, che in quella pittura sia stata espressa soltanto la cena come nei cubicoli callistiani«. Welches seine Gründe sind, sagt de Rossi nicht. Ich glaube trotz dieses Misstrauensvotums das Gemälde hier verwerten zu dürfen, da ich keinen Grund einsehe, warum es schlecht überliefert sein soll. Wir dürfen ein solches Misstrauen doch nur dann hegen, wenn das Bild in allen Details zu der Erklärung der ersten Interpreten, die es noch vor Augen hatten, passte; dann läge allerdings die

dass wir hier eine Speisung der 4000 (Mt. 15, 32 ff. und Par.) vor uns haben. Die sieben Körbe mit Brocken, die sieben Brote sind richtig angegeben; dass die »wenigen Fischlein« des Evangeliums hier in zwei präzisiert sind, ist angesichts der Erzählung von der ersten Speisung nicht nur verständlich, sondern auch der beste und natürlichste Ausweg für den Maler. Die Scenerie ist richtig, denn die Leute knieen auf blosser Erde, und der Moment der Handlung ist sehr glücklich gewählt, da die Menge nicht während des Genusses, sondern als danksagend für die empfangene Gabe dargestellt ist. Statt der 4000 Männer hat der Künstler aber sieben gemalt. Eine grössere Anzahl, die den allgemeinen Eindruck einer grossen Menge auf den Beschauer macht, liessen seine künstlerischen Mittel nicht zu; er wählte darum die heilige Zahl, die 7. — Von hier aus fällt ein heller Lichtstrahl auf unser Bild in S. Callisto. Die sieben Personen, die zwei Fische, die sieben Körbe beiderwärts; dort verrichten die Leute ihr Dankgebet, hier essen sie schon. Deshalb sind auch hier ständig sieben Männer dargestellt, weil die evangelische Erzählung nur von 4000 (5000) Männern spricht. Es ist derselbe Gegenstand, nur in etwas abweichender Situation. In diesem vielumstrittenen Gemälde in S. Callisto haben wir also ein Bild der wunderbaren Speisung. Man möchte dagegen einwenden, dass die Scenerie nicht richtig ist; denn die Sieben lagern hier nicht in der Wüste, sondern sie sitzen zu Tische. Indessen ist dies eine kleine Nachlässigkeit des Künstlers, die sich dadurch

Vermutung nahe, dass diese ihrer Auffassung zu Liebe mehr in dem Bilde gesehen und hier wiedergegeben hätten, als abgebildet war. Das ist aber bei Aringhi (Bd. II, S. 112) keineswegs der Fall. Er beachtet es garnicht, wie vortrefflich in allen Einzelheiten diese Darstellung des Speisungswunders ausgeführt ist. Die Siebenzahl der Brote und die Zweizahl der Fische erwähnt er nicht; die sieben Personen will er lieber als die sieben Söhne der Felicitas, oder die sieben hier begrabenen Jungfrauen erklären, als dass er sogleich an die 4000 dächte. Der Situation und Scenerie widmet er kein Wort. Die sieben Körbe endlich will er von dem übrigen Bilde abtrennen, und sie mit dem zerstörten Bilde des Mittelfeldes in Verbindung bringen, wo er daher Christus mit dem Wunderstabe als ursprüngliches Bild vermutet. — Nicht zu übersehen ist auch, dass Aringhi die Körbe wenigstens als »affabre coloribus efficti« bezeichnet. Unter diesen Umständen glaube ich das Bild für gut überliefert halten zu müssen.

völlig erklärt, dass er die Kline aus den »Totenmahlen«, die er gewohnt war, so darzustellen, beibehielt. Parallele Fälle lassen sich viele aus den Katakomben anführen, so z. B., wenn Lazarus nicht in der Höhle dargestellt wird, wie die biblische Erzählung es beschreibt, sondern in einem monumentalen Grabgebäude, das Vorbildern der antiken Malerei genau entspricht.

Das Speisungswunder ist ein häufig ausgeführter Vorwurf in den römischen Katakomben. Aber es ist meist ganz anders aufgefasst. Denn überall sonst erscheint Christus mit dem Wunderstabe, eben im Begriff, das Wunder an den vor ihm stehenden Körben zu vollziehen.[1]) Von dem Volk und den Jüngern ist nichts zu sehen. Christus wirkt das Wunder nicht unter Danksagung, wie die evangelischen Berichte wollen, sondern in der Weise, wie etwa ein Magier seine Experimente macht. Dazu hat er nicht die sieben Brote und die Fische vor sich, mit denen er das Volk speist, sondern er streckt seinen Stab nach den sieben Körben aus, welche die Überbleibsel der Mahlzeit enthielten. Es ist das keineswegs ein historisches Gemälde, sondern die Bequemlichkeit und das Unvermögen der Maler liessen sie aus der Geschichte die charakteristischesten Momente auswählen. Das sind keine Künstler mehr, die so arbeiten; sie haben kein Interesse mehr an der Art der Darstellung, die den Künstler zeigt, sondern nur an dem Stoff, den sie in möglichst dicken Strichen dem Beschauer vorführen. Und diese Manier wird stereotyp in den Katakomben! Wie viel feiner und künstlerischer ist die Auffassung in S. Priscilla und S. Callisto! Hier ist das Volk auf die Kniee gesunken und sagt dem Herrn Dank für die Speisen, die er ihnen kraft seiner Wundermacht darreicht; dort geniessen sie die Gaben. Wir vermissen allerdings die Figuren Christi und der Apostel. Aber in den ersten Jahrhunderten wagte man noch keine Bilder von Christus zu fertigen; und wo er fehlte, mussten auch seine Begleiter fortbleiben. Es waren auch keine Künstler von grosser Auffassungsgabe und Darstellungskraft, die diese Fresken herstellten, aber es lebt in ihnen noch ein Begriff davon, wie ein Maler seine

---

1) Aringhi, Bd. I, S. 311. 313. 319. 325; II, S. 30. 38. 41. 43. 125. 153.

Stoffe zu gestalten hat. So haben wir in diesen verschiedenen Darstellungen des Speisungswunders ein charakteristisches Beispiel für die Verschiedenheit der älteren und der jüngeren Katakombenkunst. Ich glaube nicht, dass ein treffenderes beigebracht worden ist.

Haben wir nun das Bild dem historischen Cyclus eingereiht, so stossen wir auf eine Frage, welche über diesem ganzen Kreise schwebt: aus welchem Grunde man gerade diese biblischen Bilder ausgewählt und wiederholt dargestellt habe. Es sind darauf die verschiedensten Antworten gegeben worden. Aber ich glaube hierauf nicht näher eingehen zu dürfen, da eine ausführliche Auseinandersetzung, die nur auf grund einer Betrachtung sämmtlicher Gemälde gemacht werden könnte, weit über den Rahmen unsers Gegenstandes hinausreichen würde.[1] —

An der Decke dieses cubiculum findet sich eine ähnliche Scene. Auf einem Dreifusse liegen zwei Brote und ein Fisch,

---

[1] Auch Hasenclever hält dies Bild für eine Darstellung des Speisungswunders, und sagt daher S. 233: »Es ist wohl möglich, dass ein Künstler, der das antike Mahl zur Darstellung einer neutestamentlichen Erzählung modificierte, dabei weiter keine Absicht hatte, als eben ein antik heidnisches in ein christliches Gemälde umzugestalten«. Dann fährt er aber fort: »Aber angesichts dessen, was wir aus den literarischen Nachrichten über eine Auffassung des Speisungswunders in der altchristlichen Kirche wissen, ist es nicht wahrscheinlich, dass die Christen dort in Rom gar keine sinnbildliche Beziehung in der Darstellung des Speisungswunders gesucht hätten. — Es lag doch wahrhaftig sehr nahe, dass beim Anblick des Familienmahles, welches die Christen auf den Gräbern sahen, sie sich desjenigen Mahles erinnerten, das sie als eine gemeinsame Familie feierten«; und auf diesem Umwege lenkt er wieder in die alten Geleise de Rossi's ein. Wie es mit diesen literarischen Nachrichten steht, haben wir oben gesehen. Was aber die Gedanken der frommen Christen beim Anblick der Gemälde angeht, die Hasenclever auch hier, wie bei jeder Gelegenheit herbeizieht (z. B. S. 186. 190. 199. 201. 217. 218. 220 etc. etc.), so bin ich der Ansicht, dass diese Frage, soweit es sich, wie hier immer, um willkürliche Gedanken der Beschauer handelt, die sich nicht mit den Gedanken des herstellenden Künstlers decken, ebenso unnötig ist, wie die Antworten darauf unendlich, bez. unmöglich sind. Das ganze Verfahren ist daher m. E. unwissenschaftlich. Es gehen uns nur die Gedanken des Künstlers an, aus denen heraus das Kunstwerk entstand.

zu beiden Seiten stehen drei, bez. vier Körbe mit Brot.¹) De Rossi erklärt den Tisch für die mensa Domini, den Fisch für den sacramentalen ΙΧΘΥΣ, das Brot für eins der Elemente des Abendmahls.²) Dass diese Auffassung des Dreifusses nicht statthaft ist, scheint mir V. Schultze³) gezeigt zu haben. Er selbst aber sieht in dem Bilde eine »verkürzte Darstellung« des oben besprochenen Bildes, nur dass es »genrehaft« entworfen sei, wodurch die »Symbolik versteckt« wurde.⁴) Wenn wir aber dies Bild — was doch zunächst geboten ist — für sich betrachten, so haben wir hier nicht die geringste Andeutung, um eine Symbolik anzunehmen. Die sieben Körbe sind ein Bestandteil der Speisungsgeschichte, ebenso Fisch und Brot, deren Anzahl aus künstlerischen Motiven herabgesetzt ist. Der Umstand, dass die letzteren auf einen Dreifuss, und nicht auf den Boden gelegt sind, hat darin seinen Grund, dass der Künstler ein Bogenfeld zu bemalen hatte, das er auf diese Weise geschickt ausfüllte, indem der hohe Dreifuss über die niedrigen Körbe hervorragt. Es ist dies also eine zweite Darstellung des Speisungswunders Mt. 15; nur hat der Maler hier aus Mangel an Raum auf eine historische Wiedergabe verzichten müssen, und daher die beiden charakteristischesten Momente aus der Erzählung, Brot und Fisch, und die Brockenkörbe herausgegriffen. Zwei mal begegnet uns also in dem cubiculum B die Speisung der 4000, nur in etwas verschiedener Auffassung. -

Der Maler der Fresken in C ahmte auch das Mahl nach, und setzte es als Mittelbild der Hinterwand ein.⁵) Es ist »ähn-

---

1) Abb. de Rossi: R. S. II, tav. 15. — Spic. Sol. III, S. 566 sagt de Rossi, es seien drei Brote, diese zeigt auch die Abb. dort Tab. I, 1, und daher auch die bei Becker S. 110; die Zweizahl ist durch die Abb. R. S. und die Beschreibung und Zeichnung V. Schultze's (Arch. Stud. S. 28 f.) besser bezeugt. Wenn Hasenclever von zwei Fischen (S. 232) spricht, so ist das offenbar ein Irrtum; ebenso, wie wenn er das Bild auf ein Arkosol verlegt (ebendort).
2) Spic. Sol. III, S. 566. R. S. II, S. 340. Kraus, S. 316.
3) Arch. Stud. S. 90.
4) Arch. Stud. S. 55. Katak. S. 120.
5) Die Situation vergl.: de Rossi, R. S. II, tav. 13 (links unten), tav. agg. C; Roller I, pl. 23.

lich wie in B disponiert; doch ist der Gestus eingeschränkt, und die Gastmahlsgenossen tragen die Tunika und sind auf ein halbkreisförmiges Ruhepolster ($\Sigma i\gamma\mu\alpha$ $\dot{\epsilon}\pi\tau\dot{\alpha}\varkappa\lambda\iota\nu o\nu$) halb gelagert. Die Körbe — acht — sind vollständig erhalten«.[1]) Die zwei Fische finden sich also auch hier. Die Abweichungen sind irrelevant, bis auf die veränderte Zahl der Körbe. Das Motiv dieser Änderung an der Vorlage in B und zugleich an dem evangelischen Bericht ist jedenfalls die symmetrische Anordnung. Die Körbe sind in zwei Gruppen zu je vier geordnet, und zwischen beiden ist ein freier Raum von etwa der Breite eines Korbes gelassen.[2]) Unsere oben für das Mahl in B — und damit für diese und die weiteren Copien desselben — gefundene Deutung auf das Speisungswunder bleibt davon unberührt.

Bei weitem wichtiger ist das Bild, welches sich links anschliesst. Es ist »das Bild eines Mannes und einer Frau; zwischen ihnen ein dreifüssiger Tisch. Die männliche Figur trägt wulstiges Haar, das Gewand ist so umgeworfen, dass es die rechte Hälfte des Oberkörpers bis zu der Hüfte unbedeckt lässt, dagegen auf der linken Schulter sich aufbauscht und dann von derselben glatt herunterfällt. Die weibliche Gestalt ist in eine unter der Brust aufgegürtete Stola gekleidet, und hat das Haupt durch eine auf den Rücken herunterfallende palla verhüllt. Sie neigt sich leicht seitwärts nach dem Tische hin und erhebt betend die Arme. Der zwischen Beiden stehende Tisch hat die Form eines Dreifusses und ist mit Speisestücken, darunter Brot und Fisch, bedeckt. — Letzterer und ein darunter liegendes Brot werden von der männlichen Person ergriffen.«

»Das Bild hat durch die Zeit gelitten, aber es war von Anfang an ein sehr dürftiges, fehlerhaftes Werk. So sind die Arme der Frau zu kurz, und an beiden Händen fehlt ein Finger; der

---

1) V. Schultze: Arch. Stud. S. 30. — Abb. Spic. Sol. III, tab. II, 1; R. S. II, tav. 16; Roller I, pl. 25.

2) De Rossi's (R. S. II, S. 341) Hinweisung auf die Achtzahl der Seligpreisungen ist daher unnötig. — Kraus (S. 251) meint gar. an dieser Aenderung sei Schuld »der Wunsch, den Beschauer des Gemäldes nicht bloss an dem Aeusserlichen haften zu lassen, sondern ihn in Sinn und Bedeutung desselben einzuführen«. Ebenso S. 317.

rechte Armanschluss des Mannes ist falsch gezeichnet, die
Schattierung dick, die Gesichtszüge stier und ohne Ausdruck.
Die stark ausgeprägte Individualität der beiden Figuren
schliesslich, die gewiss nicht dem Unvermögen des Künstlers,
ideale Züge zu schaffen, zuzuschreiben ist, deutet auf bestimmte
Personen hin«.[1]) — De Rossi[2]) deutet dies Bild als die Con-
secration der Abendmahlselemente durch den Priester. Der
Fisch ist der sacramental-symbolische, das Brot eins der wirk-
lichen Elemente, der Dreifuss der eucharistische Tisch, der Mann
ein Priester, der die Elemente segnet, die betende Frau die
Kirche. — Mit schlagenden Gründen hat V. Schultze[3]) die Un-
möglichkeit dieser Deutung aufgezeigt. Das Fehlen des Abend-
mahlsweines wäre eine unerklärliche Nachlässigkeit bei einer
Consecrationsscene; die höchst nachlässige, an die heidnischen
Philosophen erinnernde Kleidung des Mannes wäre für einen
Cleriker unpassend; dazu kann sein Gestus und seine ganze
Stellung nicht Segnen, sondern nur Zugreifen ausdrücken; die
Auffassung der Orans als Ecclesia in dieser frühen Zeit ist nicht
gestattet; und der Dreifuss wird hier wie sonst immer in der
christlichen Kunst eben ein gewöhnlicher Tisch sein. Gegen
diesen genau und scharf geführten Nachweis wird sich m. E.
nichts einwenden lassen; und es darf somit als feststehend bezeichnet werden, dass wir hier zwei bestimmte — wohl hier
begrabene — Personen, einen Mann und ein Weib, vor uns

---

1) V. Schultze: Arch. Stud. S. 86. 90. — Für die verschiedenen
Abbildungen ist die Kritik de Rossi's R. S. II, S. 336 f. zu vergleichen;
danach sind die R. S. II, tav. 16 und Roller I, pl. 25 die einzig zuver-
lässigen. Mit ihnen stimmt die Beschreibung Schultze's überein. Schlecht
dagegen sind: Becker S. 116 und Spic. Sol. III, tab. I, 2, und die von
diesen abgeleiteten Bilder, z. B. Merz, S. 95.

2) Spic. Sol. III, S. 566 f.: »Qui ipsam eucharistiae consecrationem
heic non videt, caecus omnino sit oportet«. R. S. II, S. 339 f. Auf dies
Bild wird sich auch die Bemerkung de Rossi's (Spic. Sol. III, S. 560) be-
ziehen, dass sich in den Callistinischen Fresken ein Gegenbeweis gegen die
evangelische Lehre fände (!) Auch die Bemerkung von Kraus S. 252, dass
der symbolische Fisch »in gewisser Hinsicht« mit der Lehre von der
Transsubstantiation zusammenhinge (!!), kann sich nur auf dies Bild be-
ziehen. — Ebenso: Kraus, S. 314 ff.; Heuser S. 519 ff.

3) Arch. Stud. S. 86 ff.

haben, die unter sich eine aus Brot und Fisch bestehende Mahlzeit begehen. Das Weib betet, der Mann greift schon nach den Speisen — dadurch ist eine Abwechslung in die Scene hineingebracht.

Durch diese Bestimmung haben wir das Bild der grossen Reihe von antiken und christlichen Mahldarstellungen eingereiht, deren Bedeutung uns weiterhin noch zu besprechen obliegt. V. Schultze[1]) folgt bei der Auffassung dieses Cyclus der Tradition, welche in diesen Mahlen Darstellungen des himmlischen Freudenmahles erkennen will; so erklärt er daher auch dies Mahl der Zwei. Es scheint aber der Einordnung in diese gewöhnlichen Mahlbilder ein Moment entgegen zu stehen, das wenigstens überlegt sein will: der Zusammenhang mit dem daneben stehenden Bilde des Speisungswunders. Auch hier werden ja Brot und Fisch von dem Ehepaar gegessen. Diese Speisen sind jedenfalls aus dem Mittelbilde herübergenommen, und die Frage ist nur die, ob der Maler sie mechanisch oder in bestimmter Absicht entnahm. Nimmt man letzteres an, so ist das Bild als eine Individualisierung des Speisungswunders zu bezeichnen. Dann aber müssen wir weiter schliessen, dass wenigstens dieser zweite Maler der wunderbaren Speisung eine über das historische Ereignis hinausgehende Bedeutung beigemessen haben muss. Welche Gedanken er sich darüber machte, lässt sich schwerlich ermitteln; vielleicht fasste er es als Vorbild der Frugalität, vielleicht als Typus des Abendmahls, vielleicht als Vorschmack des ewigen Lebens; aber irgend etwas Derartiges muss er hineingelegt haben, wenn er anders hier das Ehepaar als teilnehmend an dieser Speisung darstellen wollte.[2]) Gegen diese Erklärung aber erheben sich dieselben Bedenken, die uns oben von der traditionellen Deutung des Mahles der Sieben als symbolischer Composition abbrachten.

---

1) Arch. Stud. S. 91; Katak. S. 135.

2) Hasenclever (S. 236) nennt das Bild eine »abgekürzte Darstellung des Speisungswunders«. Ich halte diesen Ausdruck auf alle Fälle für unzutreffend, weil ja — wie auch H. annimmt — ein concretes Ehepaar dargestellt ist. Aber H. sagt damit, dass er die Scenerie der Speisung hier für absichtlich hält, vergisst indes, dass dies für die Auffassung des Wunders seitens des Malers entscheidend ist.

Solange nicht triftigere Gründe vorliegen, dürfen wir den Katakombenmalern solche Gedankengänge nicht zutrauen. Und so wird die Herübernahme des Brotes und Fisches mechanisch erfolgt sein. Eben hatte der Maler eine Fischmahlzeit von sieben Personen dargestellt; Brot und Fisch lagen ihm gleichsam noch im Pinsel, so setzte er diesen Gatten bei ihrem häuslichen Mahle auch Brot und Fisch vor, ohne sich etwas Besonderes dabei zu denken. Welche Bedeutung sonst diesem Mahle beizulegen ist, werden wir im Zusammenhang der Besprechung des gesammten Cyclus der Gastmahle feststellen. —

In D nimmt das Mahl die rechte Seitenwand ein.[1]) Es »weicht nur darin von dem Parallelbilde in C ab, dass auf den Tisch drei Schüsseln (die mittlere fast ganz zerstört) gesetzt sind, und dass die Brotkörbe« — es waren ursprünglich zwölf — »nicht vor dem Tische, sondern, gleich geteilt, links und rechts neben demselben stehen«.[2]) Die Variation in der Zahl der Körbe (12 Körbe sind bei der Speisung der 5000, Mt. 14 und Par., angegeben) ist durch eine genaue Kenntnis der evangelischen Erzählung bedingt. Dieser Umstand macht die Annahme wahrscheinlich, dass der Künstler auch in der Zweizahl der Fische sich genau an den biblischen Text hielt, sodass wir also auf der jetzt fast ganz zerstörten, dritten Schüssel nicht einen dritten Fisch, sondern wohl Brot zu ergänzen hätten. —

Das Mahl in E[3]) schliesst sich an das in C an, »doch mit der Differenz, dass die zwei[4]) Fische nebst Brotstücken auf

---

1) Abb. Spic. Sol. III, tab. II, 3 (Becker S. 120) mangelhaft; gut de Rossi: R. S. II, tav. 13 (links oben) und tav. 14; auch V. Schultze: Arch. Stud. S. 44.

2) V. Schultze: Arch. Stud. S. 32.

3) cf. de Rossi: R. S. II, tav. 12; auf der Abbildung bei Becker S. 119 (Merz S. 94) sind nur sieben Körbe angegeben; cf. dagegen de Rossi: R. S. II, S. 341 Anm. 2. So haben auch die Abbildungen Spic. Sol. III, tab. II, 2; de Rossi: R. S. II, tav. 18; V. Schultze: Arch. Stud. S. 45: acht Körbe.

4) De Rossi: R. S. II, S. 341 sagt: drei Fische; und so geben auch alle Abbildungen neben zwei grösseren Fischen noch einen kleineren dritten. Dagegen: V. Schultze a. a. O. Er ist um so unparteiischer, da er die Zweizahl nicht aus dem Speisungswunder herübergenommen sein lässt.

einen Teller gelegt sind, und auf dem Tische ausserdem einzelne Brocken zerstreut liegen«.[1]) Hier sucht also der Maler dem evangelischen Text auch dadurch gerecht zu werden, dass er den Sieben zum Fischmahle auch noch Brot, diesen unentbehrlichsten Bestandteil einer antiken Mahlzeit, vorsetzte, und es nicht bei den acht Brockenkörben genügen liess. Die Achtzahl der Körbe nahm er aus C herüber, und zwar ohne die Motivierung, die sie dort hatte, die symmetrische Verteilung in zwei Gruppen zu je vier Körben, auch nachzuahmen. Dieser kleine Zug ist charakteristisch für das handwerksmässige Arbeiten dieser Künstler, und rechtfertigt aufs neue unsre obige Kritik ihres intellektuellen Standpunktes. —

Es muss auffallend erscheinen, »dass in einem der Deckengemälde des jüdischen Cömeteriums an der via Appia zwei Gruppen von drei bezw. vier Fischen so angeordnet dargestellt sind, dass einer der Fische auf einem hohen Körbchen, wie sie im Speisungswunder gebraucht werden, gelegt ist, während die andern daneben am Boden hingestreckt sind. Daran schliessen sich, in besondere Umrahmung gesetzt, Körbe mit Brot gefüllt. — Diese Composition erinnert an das eben erwähnte Bild in den Sacramentskapellen, welches einen Fisch nebst Brotstücken auf einem dreifüssigen Tische zeigt«.[2]) — Da es hier ausgeschlossen ist, an eine beabsichtigte Darstellung des evangelischen Speisungswunders zu denken, so bleibt für die Erklärung nur ein doppelter Ausweg übrig: entweder wollten die Juden hier dieselbe Idee darstellen wie die Christen dort, sodass diese Idee auf neutralem Boden läge, oder es ist eine mechanische Übertragung. Für ersteres hat Herr Prof. Dr. Ad. Harnack[3]) auf den Fisch als die »unschuldige Speise« aufmerksam gemacht, eine Vorstellung, die allerdings auch die Juden haben konnten. Man könnte auch versucht sein, die Idee des himmlischen Freudenmahles hier wiederzufinden. Das ewige Leben ist auch den Juden unter diesem Bilde vorgeführt worden (cf. Jes. 25, 6 ff); so übernahmen sie vielleicht den

---

1) V. Schultze: Arch. Stud. S. 32.
2) V. Schultze: Katak. S. 121.
3) Theol. Lit.-Ztg. 1882, Sp. 373 f.

Typus, der von den christlichen Malern zur Darstellung dieses Gedankens geschaffen war. Gemäss dem oben Angeführten aber ist es mir wahrscheinlicher, dass eine mechanische Übernahme hier vorliegt. Da die Christen auch anfangs harmlos heidnisch-mythologische Darstellungen in ihre Katakomben herübernahmen, scheint mir der Annahme nichts im Wege zu stehen, dass die Juden, die es zu einer eigenen Kunst niemals gebracht haben, christlichen Sujets gegenüber ebenso verfuhren. Sie sahen in diesem Bilde natürlich nur ein Dekorationsstück, ein »Stillleben«; und der moderne Beschauer würde auch nichts Anderes darin erblicken, wenn er nicht aus dem Studium christlicher Katakomben wüsste, woher der Maler — der ein Christ gewesen sein muss — das Motiv zu demselben entnahm.

2. S. Lucina.

Grosse Bedeutung für die Fischsymbolik pflegt man den beiden Fischen in S. Lucina beizulegen.[1]) Um ein Mittelbild, das jetzt zerstört ist, sind sie symmetrisch gruppiert. Sie leben, schwimmen im Wasser, und tragen auf dem Rücken je einen Weidenkorb. In der Mitte desselben ist ein roter Fleck sichtbar,[2]) oben darauf liegen fünf, bezw. sechs Brote. De Rossi glaubt, durch diesen roten Fleck sei angedeutet, dass sich innerhalb des Korbes noch ein Glasbecher mit rotem Weine befinde, der hier durch die Lücken des Flechtwerks durchscheine. Danach stellte dies Bild einen Fisch mit den Elementen des Abendmahls dar, und das ist wohl nicht anders zu deuten, als im Sinne der sacramentalen Symbolik.[3]) Gerade diese Nebeneinanderstellung

---

1) Abb.: de Rossi: R. S. I, tav. 8; Becker, S. 101 und 103; Christl. Kunstblatt S. 91; V. Schultze: Katak. S. 117; Roller I, pl. 17 (hier die Situation nicht deutlich); Spic. Sol. III, tab. I, 3 und noch sonst häufig.

2) De Rossi: Spic. Sol. III, S. 565: »interior canistri pars rubrum quemdam colorem exhibet«; danach scheinen die meisten der vorhandenen Abbildungen, besonders die Beckers, sehr idealisiert zu sein.

3) De Rossi: Spic. Sol. III, a. a. O. und R. S. I, S. 349 f.; Becker S. 102 ff.; Kraus S. 253 f.; V. Schultze: Katak. S. 117, Christl. Kunstblatt 1880, S. 91; Heuser S. 523. — Wie unberechtigt es ist, in diesem Zusammenhang die Worte des Hieronymus: »Nihil illo ditius, qui corpus Domini in canastro vimineo et sanguinem portat in vitro« anzuführen, was nach de Rossi's Vorgang alle genannten Autoren thun, zeigt Hasenclever S. 233, Anm. 2.

des Fisches mit dem Brot und Wein ist die einzig mögliche Illustration zu jener Auffassung des Abendmahls, wie sie uns in den Worten des Aberkios-Epitaphs begegnete. Indes haben sich einige Bedenken gegen diese Auffassung erhoben. Schon Merz (S. 95) äussert einen leisen Zweifel an dieser Ausdeutung des roten Flecks am Korbe, Hasenclever (S. 233, Anm. 2) wiederholt denselben mit grösserer Entschiedenheit. Und die Vorstellung eines solchen Korbes, der an einer Stelle eine Lücke im Flechtwerk lässt, damit ein in ihm eingeschlossenes Gefäss sichtbar wird, hat allerdings grosse Schwierigkeit. Es ist bis jetzt das Vorhandensein solcher Körbe noch nicht nachgewiesen worden; sie haben auch schwerlich jemals existiert, am wenigsten als Bekleidung von Abendmahlskelchen. Eucharistische Gefässe aus Glas sind im Gebrauch gewesen, aber dass sie mit einem Korbüberzug in dieser Weise versehen wurden, ist höchst zweifelhaft. Unverhältnismässig klein erscheinen auch die Brote. Man müsste sich einen Deckel auf den Korb und unter die Brote gelegt denken, weil sie sonst den Wein berühren würden. Oder soll etwa dieser Weinkorb mit den Broten eine Erfindung des Malers sein, ohne Vorbilder in der Wirklichkeit? Warum bildete dieser denn nicht ein wirkliches Abendmahlsgefäss und das Brot in entsprechender Grösse ab? Dann könnte kaum ein Zweifel über seine Absicht bestehen. — Alle diese Schwierigkeiten verschwinden, sobald man den roten Fleck als Zufälligkeit irgend welcher Art ansieht, und ihm für die Erklärung kein Gewicht beilegt.[1]) Der Korb ist dann ein Brotkorb, und zwar eben derselbe, wie er bei den Speisungswundern in den benachbarten Sacramentskapellen stets erscheint. Und damit ist eine ganz neue Erklärung hier geboten. Wir werden dann dies Bild für eine in dekorativer Absicht gekürzte Darstellung des Speisungswunders halten müssen. Der Maler griff aus den ihm bekannten Gemälden einen Fisch und einen Korb heraus und

---

1) Ich bin mir der Gewagtheit dieser Annahme wohl bewusst. Dazu geführt bin ich durch die vorsichtige Äusserung de Rossi's darüber im Spic. Sol., die mit den präcisen Abbildungen sehr contrastiert, und ich hoffe, dass eine neue genaue Untersuchung des Bildes meine Vermutung bestätigen wird.

stellte sie zusammen als Decorationsstück, ebenso wie in der soeben besprochenen jüdischen Katakombe, nur dass hier der Fisch unter, dort auf dem Korbe liegt. Der rein dekorative Charakter dieses Doppelbildes in S. Lucina leuchtet ein, ohne dass er bis jetzt beachtet wurde. Die Fische sind einander zugewandt, und symmetrisch zu beiden Seiten des jetzt zerstörten Mittelbildes gestellt. Dieser Umstand, und dazu die geringe Grösse der Bilder[1]) machen sie im höchsten Grade dazu ungeeignet, dass man in ihnen die Darstellung eines solchen mystischen Gedankens wie den der sacramentalen Symbolik erkennt, während sich unser Verständnis gerade auf diesen dekorativen Charakter gründet. Vielleicht war in dem Mittelbilde das Speisungswunder in der Art der Callistinischen Bilder dargestellt; und der Maler wiederholte dasselbe Sujet zu beiden Seiten in abgekürzter Form, wie der Maler des cubiculum B es in ähnlicher Weise an der Decke dort that. Für das Verfahren unsers Malers aber haben wir eine Parallele in dieser Kammer selbst. Auf der gegenüberliegenden Wand stehen zwei Schafe in landschaftlicher Scenerie. Sie sind auch symmetrisch gestellt, indem sie sich von einander abwenden; zwischen ihnen steht auf einer Erhöhung ein Milcheimer.[2]) Die Auffassung de Rossi's, der auch hier eine Darstellung der Eucharistie zu sehen meint, glaube ich übergehen zu dürfen. Es ist offenbar auch dies Bild ein Dekorationsstück, aber auch hier sind die einzelnen Teile desselben, die Lämmer und der Eimer, aus einem grösseren Katakombengemälde entnommen, aus dem Bilde des guten Hirten, der mit eben diesen Attributen z. B. auch in der anstossenden Kammer erscheint. Durch diese Parallele scheint mir meine Auffassung des Fischbildes hier fast erwiesen zu sein, obgleich ich den rätselhaften roten Fleck unerklärt lassen muss.[3])

---

1) Becker sagt von seiner Abbildung S. 103, sie habe ⅔ von der Grösse des Originals; danach müsste dieses etwa 27 cm lang sein.

2) Abb.: de Rossi: R. S. I, tav. 12; Kraus S. 254 u. s. w.

3) Weitere Beispiele dieses Verfahrens sind der zwei Mal wiederholte Widder mit Hirtenstab und Milcheimer in S. Domitilla (Abb. Garrucci: Storia II, tav. 29, 1) und das vier mal in den vier Ecken eines Deckengemäldes in S. Pietro e Marcellino wiederholte Lamm mit dem Milcheimer

Wichtig ist, dass durch diese Erklärung auch die de Rossi'sche Datierung der cubicula von S. Lucina hinfällig wird; denn er gewinnt sein Datum durch eine Vergleichung dieser Fischbilder mit den Mahlen in S. Callisto. Er sagt: hier erscheint der eucharistische Fisch in seiner einfachen, ursprünglichen Gestalt, dort aber in Verbindung mit einer Reihe von Anklängen an biblische Erzählungen, an die vom Speisungswunder und die vom Mahle der sieben Jünger. Diese seien nun, wie das die Kirchenväter bezeugten, erst später hinzugekommen, die einfache Darstellung der Symbolik sei daher die ältere. Da nun die Sacramentskapellen in der ersten Hälfte des dritten Jahrhunderts entstanden seien, fielen diese Bilder aus S. Lucina in weit frühere Zeit, ins zweite, oder gar ins erste Jahrhundert. Wir haben nun erkannt, dass weder die Mahle in S. Callisto, noch diese Fische in S. Lucina mit der sacramentalen Symbolik im Zusammenhang stehen; und wenn sie auch denselben Stoff enthalten, nämlich die Geschichte von der Speisung der Tausende, so ist doch eben deshalb eine solche Darstellung derselben, wie sie sich in S. Lucina findet, nur als spätere, dekorative Ausbildung der Mahle in S. Callisto (oder ähnlicher) zu verstehen.

3. Fisch und Brot auf den Grabsteinen.

In diesen Zusammenhang gehören noch einige Grabsteine, deren Besprechung wir uns oben vorbehalten hatten, nämlich die, welche Fisch und Brot als Bilder tragen. Es sind hierfür in betracht zu ziehen bei Becker n. 78 und 91—94. Bei dreien von diesen ist der christliche Ursprung sehr zweifelhaft (78. 91. 94); bei n. 78 lässt ausserdem, wie oben bemerkt, eine photographische Abbildung die Auffassung nicht zu, dass der Kreis dort ein Brot sei; für n. 91 hat de Rossi durch Veröffent-

---

auf dem Rücken und dem Akanthusblatt (Abb.: Garrucci: Storia II, tav. 48, 2). Das Akanthusblatt erscheint auch sonst auf dieser Decke; der Maler fügte es hier spielend hinzu; den Kreis um den Eimer vermag ich nicht zu deuten; für einen Henkel des Eimers ist er zu gross. — Der rein dekorative Charakter geht auch bei diesen Darstellungen schon aus dem Orte und ihrer Wiederholung hervor; beide sind Dekorationsstücke, deren Motiv aus dem Bilde des guten Hirten stammt.

lichung eines Facsimile (Bull. 1879, tav. 8, 1) auch diesen Beweis geführt; n. 94 endlich gehört zu den Steinen, in deren Bildern ich — nach den allein erhaltenen Abbildungen zu urteilen — weder Fische noch Brote zu erkennen vermag. Es bleiben also nur zwei Steine, als für diese Klasse gesichert, übrig: n. 92 und 93. Der erste, im Jahre 1845 in der Katakombe S. Ermete gefunden, jetzt im Mus. Kirch. befindlich, zeigt fünf Brote und darunter zwei Fische. Da die Bilder deutlich sind, und ihre Anzahl mit dem Bericht von der ersten Speisungsgeschichte (Mt. 14 und Par.) stimmt, so ist einleuchtend, dass es eine Abbildung dieses Wunders ist. Dem Künstler standen nur geringe Gaben zu gebote, und so beschränkte er sich bei der Darstellung auf die Wiedergabe dieses einen charakteristischen Stückes, das an seiner Absicht keinen Zweifel bestehen lässt. Diese Bedeutung ist auch noch von niemandem bestritten worden. Aber schon im Spic. Sol. III, S. 564 vindiciert de Rossi dem Bilde neben der biblischen Beziehung noch eine symbolische, und zwar scheint[1]) er ihm dieselbe Bedeutung beizulegen, welche er in den Callistinischen Mahlzeiten sieht: die symbolische Darstellung der Eucharistie. In eine andere Bahn wurde die Erklärung gelenkt durch einen Modeneser Fund aus dem Jahre 1862, den Grabstein des Syntrophion (n. 93). Der erste Herausgeber desselben, Cavedoni,[2]) sah dort zwei Fische, zwischen ihnen sieben Brote, wovon jeder Fisch eines im Maule hält, und so zeigen es auch alle Abbildungen. De Rossi erklärte dies Monument sofort für eine Darstellung der Gläubigen, die sich vom Himmelsbrot nähren,[3]) obgleich freilich die Anzahl der Brote der zweiten Speisungsgeschichte entnommen sei. Von hier aus wurde auch dem Stein aus S. Ermete diese Bedeutung beigelegt. Ihm folgen auch hierin Becker, Kraus, Martigny.[4]) V. Schultze zuerst hat die symbolische Bedeutung geleugnet,

---

1) Seine Worte sind nicht ganz klar.
2) Opusc. ed. Modena, ser. 2, I, 221. Ich konnte das Werk leider nicht einsehen.
3) R. S. I, S. 350; Bull. 1865, S. 75.
4) Becker S. 74; Kraus S. 253, 316; Martigny S. 658.

und hält allein an der historischen fest;[1]) ebenso Hasenclever, der aber hier wie bei allen Darstellungen des Speisungswunders eine Beziehung auf das Abendmahl annimmt, damit also zu der ersten Deutung de Rossi's zurückkehrt.[2]) Die Eigentümlichkeit aber, dass die Fische je ein Brot im Maul tragen, welche sehr für die Auffassung de Rossi's spricht, haben beide nicht zu erklären versucht.

Durch eine Bemerkung Pohls veranlasst, wonach ein im Christlichen Museum zu Berlin befindlicher Papierabklatsch des Modeneser Steines einen ganz andern Befund aufweist, als von Cavedoni angegeben wurde,[3]) wandte ich mich an den Director dieses Museums, Herrn Professor Dr. Piper, welcher die Freundlichkeit hatte, mir auf meine Anfrage folgendes zu antworten: »Es ist richtig, dass sich ein Bild dieses Steines im Christlichen Museum befindet, welches ich im Jahre 1862 noch zur Zeit und in Gegenwart Cavedoni's über dem Original in nassem Papier angefertigt habe. Für sicher halte ich, dass die Fische kein Brot im Maule haben. Das erscheint zwar so in der Abbildung bei de Rossi und Becker, wo beide Fische ein kreuzweis durchschnittenes Brot halten, gleich den übrigen fünf Broten. Aber diese Zeichnung ist falsch; das Maul des einen ist geschlossen, das des andern zwar aufgesperrt, aber kein Kreuz, auch kein Brot ist zu sehen. Auch kann man nicht sagen, dass dieser Fisch nach einem Brote schnappt«.[4]) — Dadurch sind wir allen Schwierigkeiten enthoben. Wir haben auf diesem Modeneser Stein zwei Fische und fünf Brote, eine Darstellung des ersten

---

1) Arch. Stud. S. 42, Anm. 1.
2) S. 232 ff.
3) »Das Ichthys-Monument von Autun«, S. 11, Anm.
4) Herr Prof. Dr. Piper gestattete mir freundlichst, diesen Teil seines Briefes in meine Arbeit aufzunehmen. — Somit ist auch die Beschreibung Pohls (S. 11) nicht ganz richtig, was vielleicht mitgewirkt hat, wenn er die Deutung de Rossi's beibehält (S. 12). — Nachträglich bemerke ich, dass de Rossi: Bull. 1881, S. 126, Anm. 1 denselben Befund des Steines constatiert, und den früher angegebenen zurücknimmt. Trotzdem scheint er aber auch hier die frühere Deutung auf die Christen und das Himmelsbrot beizubehalten, obwohl nur in der irreführenden Abbildung ein Recht dazu gegeben ist.

Speisungswunders, ebenso wie auf dem Stein des Kircherschen Museums. Damit fällt jeder Grund für die Deutung de Rossi's und seiner Anhänger fort; denn die Stellung der Fische zu beiden Seiten der Brote erklärt sich vollständig durch das Streben nach einem symmetrisch abgeschlossenen Bilde. Auf diesen beiden Steinen ist in kurzer, prägnanter Weise die Geschichte von der Speisung der 5000 dargestellt und weiter nichts.

Hasenclever (S. 233) glaubt in diesen Grabsteinen, oder wenigstens in den Darstellungen des Speisungswunders überhaupt, die Entstehung des Fischbildes in den Katakomben gefunden zu haben. Man habe zuerst correct zwei Fische und fünf Brote abgebildet, dann aber die Brote weggelassen und den Fisch allein dargestellt. Es wäre dieser Ansicht eine gewisse Wahrscheinlichkeit für einzelne Monumente nicht abzusprechen, wenn wir irgend welche Übergangsstufen zwischen den fünf Broten und zwei Fischen und andrerseits dem einzelnen Fisch, der sonst nur der Symmetrie wegen verdoppelt erscheint, besässen. Aber bei den drei Grabsteinen, welche nach den Beschreibungen und Abbildungen bei de Rossi und Becker als solche dienen könnten (n. 78. 91. 94), ist diese Verwertung für uns ausgeschlossen. Bei dem einzigen Stein ferner, welcher uns den Fisch nicht aus symmetrischen Gründen verdoppelt zeigt (n. 88), fanden wir es wahrscheinlich, dass die Fische das Gewerbe des Verstorbenen andeuten sollen. Also alle Zwischenstufen fehlen. Da nun ferner die Abbildung des Speisungswunders auf Grabsteinen so überaus selten ist — einmal in Rom, einmal in Modena —, der einzelne Fisch aber so überaus häufig, ist wohl dieser Hypothese vollends jeder Grund entzogen.

Anmerkung. Es sei mir bei dieser Gelegenheit gestattet, meine Bedenken gegen die ganze Hasenclever'sche Auffassung von der Entstehung des christlichen Bilderkreises (S. 183–260) auszusprechen, zumal mir dies in keiner der veröffentlichten Recensionen genügend geschehen zu sein scheint. H. denkt sich den ganzen christlichen Bilderkreis durch Einwirkungen der Antike entstanden, und zwar hat die antike Kunst nicht nur für seine formale Bildung, sondern auch zur Auswahl dieser betreffenden Bilder stark mitgewirkt. Der christliche Grabschmuck ist eine Übersetzung des antiken ins Christliche. So ist die Auferweckung des Lazarus zunächst aus dem Grunde dargestellt, weil die in antiken Gräbern abgebildeten Grabgebäude christliche Maler an die Geschichte des Lazarus erinnerten, und sie so veranlassten, dieses Grabgebäude zu reproduzieren, und die Gestalten des Lazarus und Christi hinzuzusetzen; beim Anblick der um den Baum gewundenen Schlange in Scenen des Endymion, des Jason und des Hesperidenbaumes dachten sie an den Sündenfall, setzten zu dieser Figur noch zwei nackte Gestalten hinzu, die ihnen auch die Antike in grosser Fülle darbot, und der Sündenfall ist fertig; bei Betrachtung von Hirtenscenen in landschaftlicher Scenerie stieg ihnen die Gestalt des guten Hirten, wie sie im N. T. beschrieben ist, auf, und sie wiederholten diese Bilder, nachdem sie ihnen in ihren Gedanken einen neuen, christlichen Inhalt gegeben hatten. Und so fort! Bei fast allen den christlichen Bildern gelingt es H., ein Samenkorn in der Antike aufzufinden, aus dem er unter den Sonnenstrahlen der schönen, christlichen Gedanken der beschauenden Maler die christlichen Typen aufsprossen lässt. Zu einer solchen Betrachtungsweise ist bei dem vorliegenden Sachverhalt aber kein Grund gegeben. Nur dann hätten wir ein Recht dazu, wenn sich in der Antike wirklich dieselben Typen fänden, die als unzweifelhaft spezifisch christliche Scenen sich in den Katakomben wiederfänden. Das ist aber nicht der Fall! Es sind vielmehr nur Äusserlichkeiten, in denen beide übereinstimmen; und so muss dahin entschieden werden, dass die christliche Kunst ihre Typen selbst erfunden hat, aber allerdings in manchen nebensächlichen Formen sich an die klassische Kunst anlehnt. Aber H. geht noch weiter! Sogar die einfachen Figuren der christlichen Symbole leitet er aus der paganen Kunst ab, indem er sie aus den Wanddekorationen hervorgehen lässt. Die wassertrinkenden Hirsche auf den Sarkophagen lässt er durch Reflexion sich aus den als Dekorationsfiguren verwandten Hirschen entwickeln; auf das Symbol des Ankers kommen die Christen auch nur durch Anblick dieses maritimen Zeichens auf antiken Gräbern; aus den Vögeln, die in mannigfacher Gestalt in den Wanddekorationen herumflattern, lässt er das Symbol der Taube entstehen, und aus dieser weiterhin die Darstellung der Arche Noah; während sich umgekehrt der Fisch aus den Mahlen in S. Callisto entwickelt, die ihrerseits wieder nur eine christliche Modification der »Totenmahle« sind. Es sind dies die krassesten Beispiele; an ihnen ist deshalb das Unhaltbare der Theorie am deutlichsten. Denn man fragt sich vergebens, wenn die Symbole des Fisches, der Taube, des Ankers doch in Folge einer Reflexion, wie auch H. zugiebt, entstanden, warum da noch antike Fische, Tauben und Anker zu ihrer Entstehung nötig sind. Diese einfachen Figuren kann doch jeder herstellen, der sie herstellen will; und die Erfinder der christlichen Symbole waren doch wohl nicht so ganz phantasielose Geschöpfe, wie uns H. überreden will, dass sie erst durch den Anblick gemalter Fische, Tauben und Anker auf die Gedankenreihen, woraus ihnen die Symbole entstanden, geführt werden konnten. — Damit wird sich wohl die zweite der Thesen, mit denen H. S. 260 sein

Buch schliesst, erledigen, dass nämlich die christliche Symbolik »erst aus einer Combination der vorhandenen Figuren mit christlichen Ideen entstanden« sei, und dass die vorhandenen »Figuren diese Symbolik geschaffen« hätten. In betreff der ersten These aber, »dass der altchristliche Gräberschmuck wesentlich Ornamentik, nicht Symbolik« sei, ist zu sagen, dass hier weit schärfer noch die verschiedenen Gebiete der altchristlichen Kunst: Wandmalerei, Grabplatten und Sarkophagsculptur getrennt und in ihrem gegenseitigen Verhältnis untersucht werden müssten; ich halte diesen Punkt noch bei weitem nicht für spruchreif. —

Zwei richtige Beobachtungen liegen dem Buche zu grunde: 1) dass die Produkte der Katakombenkunst unmöglich Träger aller der christlich-mystischen und dogmatischen Gedanken sein können, wozu sie katholische Archäologen bis zum heutigen Tag zu stempeln sich bemühen, und 2) dass sie die mannigfachsten Berührungspunkte mit der antiken Kunst hat, indem manche Sujets von dort herübergenommen sind, und auch in der Darstellungsart der neuerfundenen Vorwürfe noch manche Züge nebensächlicher Art aus klassischen Vorwürfen entlehnt sind. Aber in Consequenz dieser richtigen Gedanken hat H. aus der Geschichte der altchristlichen Kunst einen derartigen Mechanismus gemacht, der weit davon entfernt ist, einer »unbefangenen, geschichtlichen Betrachtung« zu entsprechen.

4. Die Gastmahlsbilder.

Ausser den Mahlen in S. Callisto sind noch eine Reihe andrer Gastmahlsdarstellungen aus den Katakomben bekannt: sieben aus S. Pietro e Marcellino,[1]) zwei aus S. Agnese,[2]) eins aus S. Domitilla;[3]) seit V. Schultze gehört auch jenes oben besprochene Mahl der zwei Personen in dem cubiculum C in diesen Kreis. Alle diese Bilder galten früher als Darstellungen von Agapen, bis Polidori[4]) ihnen die Bedeutung beilegte, welche sie bis jetzt noch bei allen christlichen Archäologen behalten haben, die des himmlischen Freudenmahles. De Rossi

---

1) Aringhi II, S. 35; Ar. II, S. 36 = Kraus S. 267; Ar. II, S. 49 (1) = Bull. 1882, tav. 3 = Roller, pl. 53, 1 = Kraus S. 268, Fig. 40; Ar. II, S. 49 (2); Bull. 1882, tav. 4 = Roller, pl. 53, 2 = Kraus, S. 268, Fig. 41; Bull. 1882, tav. 5; Bull. 1882, tav. 6.
2) Aringhi II, S. 83 = V. Schultze: Katak. S. 135; Ar. II, S. 87 = Roller, pl. 83, 6.
3) Sehr häufig abgebildet, z. B. Becker S. 6 und 115; Roller, tav. 12, 5; Kraus, S. 269; Kraus: Realenc. S. 519.
4) So nach de Rossi; Bull. 1882, S. 122.

scheidet diese ganze Klasse mit Recht scharf von den Mahlen der Sieben in S. Callisto, und erklärt den Fisch, wo er hier erscheint, zwar für symbolisch, aber nicht als den sacramentalen Fisch, sondern als den *IXΘYΣ* überhaupt, wodurch der Mahlzeit nur ein feierlicheres Gepräge gegeben werden soll. Die schwierigste Frage bei diesen Mahlzeiten aber ist eben die: auf welchen von diesen Bildern befindet sich ein Fisch als Speise, und auf welchen nicht. Behauptet ist das Vorhandensein desselben bei fast allen, allgemein anerkannt bei keinem. Am meisten Übereinstimmung herrscht in dieser Beziehung bei dem Bilde in S. Domitilla, aber Hasenclever (S. 227) beschreibt die Speisen dort: »eine Cibilla mit einigen Broten und einem andern länglichen Ding, das wahrscheinlich eine Schüssel darstellen soll, möglicher Weise auch einen Fisch;« eine mechanische Nachbildung dieses Fresko, nach der wir ein Urteil fällen könnten, scheint noch nicht im Umlauf zu sein. Bei einem der Bilder in S. Agnese hat V. Schultze deutlich drei Fische, Aringhi aber zeigt leere Schüsseln. Die vier Arkosolgemälde aus S. Pietro e Marcellino, welche de Rossi im Bull. 1882, tav. 3—6 publiziert, zeigen auf diesen Abbildungen alle deutlich als einzige Speise einen Fisch. Da die Fresken der tav. 5 und 6 ausserdem noch nicht herausgegeben sind, steht mir über sie kein Urteil zu. Die beiden andern aber sind controllierbar. Bei dem ersten Bilde giebt nun Aringhi ein Lamm, und auf grund der Photographie bei Roller lässt sich wenigstens das mit Gewissheit sagen, dass der Maler keinen Fisch darstellen wollte.[1]) Auf tav. 4 ist ebenfalls deutlich ein Fisch zu sehen, und de Rossi sagt von dem Bilde: le tracce del pesce sono certe; aber auf Roller's Photographie ist nichts zu unterscheiden. — Eine Entscheidung über diese Frage steht mir nicht zu; das aber geht mit Sicherheit aus der Vergleichung der verschiedenen Zeugnisse hervor, dass ein Teil der Fische — möglicher Weise sogar alle — nur für solche Beschauer vorhanden sind, welche in der dort aufgetischten Speise den *IXΘYΣ* zu erkennen wünschen. Indessen ist diese Frage deshalb von geringerer

---

1) De Rossi giebt auch a. a. O. S. 121, Anm. 1 selbst die Ungenauigkeit seiner Abbildung zu.

Bedeutung, als sie etwa bei den Callistinischen Mahlen wäre, da von keinem Forscher (ausser Becker S. 71 bei S. Domitilla) der Fisch zum Ausgangspunkt der Interpretation gemacht wird; man betrachtet diese Gemälde nicht als Darstellungen der Eucharistie, sondern als solche des ewigen Lebens unter dem Bilde des Mahles. Hasenclever (S. 226 ff.) hat zuerst diesen Weg verlassen, und energisch darauf hingewiesen, dass sich durchaus gleiche Bilder in den Gräbern von Heiden befinden. Eine besonders frappierende Parallele für das Mahl der zwei Personen in Domitilla giebt Roller (pl. 50, 1), ohne dass er selbst jedoch diese Beziehung bemerkt. Die Gleichheit der Mahle in heidnischen und christlichen Gräbern springt so in die Augen, dass man sich ihr für die Erklärung nicht entziehen kann, zumal jetzt auch der letzte Grund, wodurch Kraus und V. Schultze sich zu einer Erklärung in spezifisch christlichem Sinne gezwungen sahen, das Vorhandensein des Fisches, weggeräumt ist. Denn nur ein regelmässiges, nicht aber ein sporadisches Vorkommen desselben könnte hier beweisend sein.

Über die heidnischen Vorbilder dieser Mahle, die sogenannten »Totenmahle«, ist gerade in den letzten Jahren viel verhandelt worden,[1]) nnd es scheint, als ob man sich über die Hauptpunkte geeinigt hätte, während man sie früher bald als **Familienmahl** (Zoëga, Friedländer, Welcker, O. Jahn, Bursian, Pervanoglu), bald als **letztes Mahl vor dem Scheiden** (Graf Caylus), bald als **Leichenmahl** der Überlebenden zur Erinnerung an den Verstorbenen (Visconti, Raoul-Rochette, Lebos), bald als **Totenmahl** im Hades (Gerhard, O. Müller,

---

1) cf. Alfred von Sallet: »Asklepios„ und Hygieia, die sogenannten Anathemata für heroisierte Tote«. Berlin 1878. Separatabdruck aus Sallets Ztschr. für Numismatik Bd. 5. — Alexander Conze: »Totenmahl, Relief im Cabinet des Médailles zu Paris«; Wien 1881. Separatabdruck aus den Sitzungsber. d. kais. Akad. d. W., phil.-hist. Classe, Bd. 98, Heft 2, 1881, S. 551 ff. — F. Dencken: »Einkehr des Dionysos. Relief im Louvre« in Arch. Ztg. Bd. 39, 1881, Sp. 271 ff. — A. Furtwängler: »Die Sammlung Sabouroff«. Berlin 1883—87. - A. Brückner: »Ornament und Form der attischen Grabstelen« Dissert. S. 83 ff. — Milchhöfer: »Reliefs von Votivträgern« in Jhrb. des K. D. Arch. Inst. Bd. 2, 1887, Heft 1, S. 23 ff.

Avellino, Holländer, Friederichs, Stephani) auffasste. Wichtig ist vor allem, dass man wieder den schon von Stephani (»der ausruhende Herakles« S. 72 ff.) hervorgehobenen Unterschied zwischen den Votiven und den Grabdenkmälern energisch betonte. Die mit dem Mahle geschmückten Votive sind in der griechischen Kunst bei weitem häufiger. Es sind die mehr breiten als hohen Platten, die in über 200 Exemplaren erhalten sind. Ständig ist dort dargestellt der auf der Kline lagernde Mann, meist den Polos auf dem Kopfe, ein Rhyton und eine Schale in den Händen; neben ihm seine Frau; vor ihnen ein Tisch mit Speisen, und ein nackter Knabe am Mischkrug. Dazu häufig die Schlange, der Hund und das Pferd. Von einer Seite nahen, in wechselnder Zahl, kleiner gebildete Adoranten, häufig mit Opfertieren. Alles dies sind Anatheme, die in den Heiligtümern der unterirdischen Gottheiten und der Heroen der verschiedenen sozialen Verbände geweiht waren. Aber schon im vierten Jahrhundert überträgt man diesen Typus auf Grabdenkmäler, und damit fällt der ganze rituelle Apparat, der nur im Heroencult Sinn hatte, fort. Der Typus passt sich dem Ideenkreise der Grabreliefs dieser Zeit an, welche alle den Verstorbenen in der Sphäre seines häuslichen Lebens darstellen, und nur durch einen leisen Zug auf das jähe Ende, welches dasselbe genommen hat, hindeuten. Aus dem Heroenmahl wird so das Familienmahl. Brückner (a. a. O. S. 83 f.) zählt neun attische Grabstelen dieser Art auf. —

Es fehlt mir leider das Material, um diesen Typus — was noch nicht gründlich geschehen ist — in seiner Weiterbildung und Ausartung in hellenistischer und römischer Zeit zu verfolgen; aber das glaube ich sagen zu können, dass die Mahle der Katakomben eine direkte Weiterbildung der attischen Familienmahle sind. Auch abgesehen von der Geschichte des Typus muss eine nicht voreingenommene Betrachtung sie dafür erklären.

Sollte daher auf einem oder dem andern dieser Bilder ein Fisch mit Sicherheit nachgewiesen werden, so wird das als zufällig aufzufassen sein, was sich vielleicht am besten dadurch erklärt, dass der Fisch von allen Fleischspeisen der malerischen

Darstellung am wenigsten Schwierigkeit bietet. Ausserdem findet er sich ja auch auf heidnischen Mahlbildern.[1]) Ebenso zufällig ist die Siebenzahl der Personen in S. Agnete; sonst finden sich zwei, drei, fünf und sechs Gastmahlsgenossen. —

Nur einem von diesen Bildern[2]) wird eine andre Deutung zu geben sein. Es zeichnet sich vor den andern aus durch vier grosse Mischkrüge, die vor dem Tische stehen, und durch die Haltung des einen, links sitzenden Mannes, der auf alle Weise vor den andern ausgezeichnet ist. Er allein ist bärtig, er allein trägt einen Mantel; er giebt einer hinter ihm zu suchenden Person, von der nur eine Hand mit einem Pokal sichtbar ist, einen Befehl, indem er auf einen der Krater deutet. Das sind doch sehr bestimmte Züge, die auf die Hochzeit zu Kana (Joh. 2) deuten: die Person, welche den Befehl in betreff der Krüge giebt, ist Christus, die, von der nur der Arm mit dem Becher sichtbar ist, der kostende Speisemeister. Das hat m. E. Garrucci (Storia Bd. II, S. 54) richtig erkannt; nach ihm nur V. Schultze (Katak. S. 111). Die falsche Anzahl der Krüge (hier vier, im Evangelium sechs), und die schematische Zeichnung der übrigen fünf Personen kann wenig dagegen besagen; das ist nur ein neuer Beweis für die schon mehrfach beobachtete Unachtsamkeit der Katakombenmaler.

5. Die Fischfangscenen in S. Callisto.

Es erübrigt noch, zwei Bilder in den Sacramentskapellen B und C zu besprechen, welche beide einen Fischfang darstellen.[3]) Das in B beschreibt V. Schultze so: »Ein auf einem Felsen an Ufersrand sitzender, unbärtiger Mann, der auf seinem Haupte einen breiten Hut (Fragment) trägt und über den Oberschenkel ein kleines Gewandstück geworfen hat; sonst ist er völlig unbekleidet. Mit der Rechten zieht er vermittelst einer

---

1) Matz-Duhn, n. 3882. 3887. [Anm. von Hasenclever.]
2) Abb. Aringhi II, S. 36 = Kraus S. 267 = Garrucci, Storia II, tav. 47, 1.
3) Aus V. Schultze: Arch. Stud. S. 45 ersehe ich, dass sich in S. Domitilla ein gleiches Bild befindet, das Bull. 1865 publiziert wurde. Da mir aber dieser Band leider nicht erreichbar war, muss ich auf eine Besprechung dieses Bildes verzichten.

Angelschnur einen Fisch aus dem Wasser«.¹) Rechts davon befindet sich das Mahl der Sieben, welchem der Fischer den Rücken zukehrt; es ist offenbar, dass er in keiner Beziehung zu demselben steht. Schwieriger ist zu sagen, ob der Maler ihn nicht mit dem links folgenden Bilde, dem Quellwunder des Mose, in Verbindung bringen wollte. Mit Sicherheit lässt sich das nicht entscheiden, da am untern Rande des Bildes ein Stück fehlt, sodass wir die Möglichkeit offen lassen müssen, dass hier der Fischer den Fisch aus demselben Wasser zieht, das durch den Stab des Mose dem Felsen entspringt. Und so nimmt es auch de Rossi und mit ihm alle Andern an. Nach den Abbildungen zu urteilen, ist mir aber eine andere Situation wahrscheinlicher. Das Niveau des Wassers, aus dem der Fisch hervorragt, ist nämlich höher als der Bach des Mose, während es, als dessen Fortsetzung gedacht, eher tiefer liegen müsste. So scheint mir zwischen beiden Wassern ein Stückchen festes Land vorhanden gewesen zu sein, auf dem Mose steht. — In C wiederholt sich dieselbe Scene, und zwar an der linken Seitenwand. Der einzige Unterschied (abgesehen von ganz unbedeutenden Kleinigkeiten) ist der, dass der Fischer nach rechts, statt nach links gewandt ist. Rechts daran schliesst sich die Taufscene und dann der geheilte Gichtbrüchige.²) — Bei der Interpretation haben wir wieder von B auszugehen. Da sich zu beiden Seiten eine historische Scene befindet, links das Quellwunder, rechts das Speisungswunder, liegt es am nächsten, auch in dem Fischfang eine historische Darstellung zu suchen. Es sind auch schon mehrere Vorschläge in dieser Richtung gemacht worden. V. Schultze (a. a. O. S. 48) schlägt vor, das Bild durch Mt. 17, 27 zu erklären. Es soll hier der Moment dargestellt sein, wo Petrus den Befehl Christi ausführt, und den Fisch mit dem Stater fängt. Es scheint mir diese Auskunft aber wenig befriedigend zu sein. Denn die Pointe jenes Fischfangs,

---

1) V. Schultze: Arch. Stud. S. 24. — Abb.: Spic. Sol. III, tab. II, 4; Becker S. 113; de Rossi: R. S. II, tav. 15; V. Schultze S. 24; Roller I, pl. 24, 3. — Im Spic. Sol. berücksichtigt de Rossi dies Bild noch nicht und scheint es überhaupt nicht zu kennen, was um so auffallender ist, als sich in den Tafeln ebendort gerade der Fischer in B. abgebildet findet.

2) Abb. de Rossi: R. S. II, tav. 16; V. Schultze, S. 38.

der Stater im Maul des Fisches, fehlt hier. Wer aber die Geschichte des »Fisches mit dem Stater« malen will, kann bei dem Fische unmöglich den Stater vergessen, oder er muss von grandioser Unfähigkeit sein. Bei dem Maler in B glaube ich das aber nicht annehmen zu dürfen; wir hatten bisher nur Grund, seine Geschicklichkeit zu loben. Noch weniger Anklang dürfte Hasenclever (S. 240 f.) finden, der hier eine »naiv abgekürzte« Darstellung des Fischzugs Petri (Lc. 5) wiedererkennt. Diese Erklärung involviert in noch stärkerem Masse die Annahme einer bis ins Unverständliche und Unberechenbare hinaufreichende künstlerische Unfähigkeit des Malers. Es ist nicht einzuwenden, dass sich die Maler hier auch sonst kleine Freiheiten und Inconsequenzen in den Details ihrer Bilder gestatten, z. B. in der Scenerie des Mahles der Sieben; denn sie thun es nie bei solchen Details, welche ihre Absicht dem Beschauer deutlich machen. Im Gegenteil sind die prägnanten Züge der Erzählungen immer klar wiedergegeben, oft auf Kosten der Schönheit des Bildes. An solchen prägnanten Zügen mangelt es aber in unserm Bilde überhaupt; es trägt durchaus genrehaften Charakter. Wir werden es daher nicht für ein historisches Bild zu erklären haben, worauf seine Umgebung zu deuten schien; sondern nach Analogie der übrigen Katakombenbilder bleibt uns nur eine zweifache Deutung übrig: entweder stellt das Bild einen bestimmten, hier begrabenen Fischer in Ausübung seines Berufes dar, oder es ist symbolisch aufzufassen. Für erstere Möglichkeit scheint zu sprechen, dass wir hier in den Kammern B und C auch sonst bestimmte Personen abgebildet finden, so mehrere Male Fossoren, einen wasserschöpfenden Mann, Lehrer oder Aufsichtsbeamte. Aber diese Bilder sind nicht unter die historischen Scenen gestellt, sondern sie nehmen — wie das natürlich ist — abgesonderte Plätze, an den Seiten ein. Der Fischer dagegen ist in B zwischen historische Bilder gestellt, in C neben eine Taufscene. Unmöglich macht dieser Umstand die Deutung auf eine bestimmte Person nicht, aber er scheint sie zu erschweren. Lassen sich aber diese Bilder nicht symbolisch auffassen?[1]) Im ersten Teile dieser Arbeit sahen wir, dass eine

---

1) Im Spic. Sol. III, S. 566 erklärt de Rossi das Bild ohne weitere Auseinandersetzung für eine allegorische Darstellung der Taufe (ebenso

grosse Reihe von Stellen aus den Kirchenvätern geradezu dazu anleitet, Bilder wie diese symbolisch zu erklären. Es war ausserordentlich beliebt, die Predigt der Apostel nach dem bekannten Wort des Herrn als Fischfang zu schildern, und es steht der Annahme nichts entgegen, dass diese bildliche Bezeichnung populär wurde, und so auch in den Katakomben zur Darstellung gelangte. Ob hier nun gerade Petrus oder ein andrer Apostel, oder Christus selbst, oder vielleicht auch ein Lehrer der Gemeinde dargestellt ist, wird sich nicht entscheiden lassen. Unsre obige Betrachtung zeigte uns, wie sehr das Bild vom Menschenfischer bei den Kirchenvätern ausgeweitet wurde; wir dürfen dasselbe hier annehmen.

Mit den benachbarten Bildern steht der Fischer allerdings in einem Zusammenhang; aber nicht in einem symbolisch-mystischen, wie de Rossi will, sondern in einem rein äusserlichen. Denn er steht jedesmal mit Bildern zusammen, in denen auch das Wasser eine Rolle spielt; so in C mit einer Taufe, und in B bildet die Fischfangscene gleichsam den Übergang von Mose, der Wasser aus dem Felsen schlägt, zu der Fischmahlzeit von den sieben Personen.[1])

Becker S. 113). R. S. II, S. 331 ff. deckt er eine Reihe von symbolischen Beziehungen auf, die wir, soweit sie wichtig sind, schon oben abwiesen; auch diese laufen darauf hinaus, dass der Fischfang die Taufe bedeute. Wesentlich ebenso: Kraus 310 f. Dagegen V. Schultze a. a. O. Er weist mit Recht die de Rossi'schen Phantasien zurück, scheint mir aber zu weit zu gehen, wenn er auch die Beziehung auf die »Menschenfischer« für unmöglich erklärt. Das hat mit Recht Heinrici (Th. Stud. u. Krit. 1882, S. 733 f.) hervorgehoben, dem ich mich hier anschliesse.

1) Um eine vollständige Aufzählung wenigstens der gemalten Fischdenkmäler zu geben, füge ich hier noch Garrucci, Storia II, tav. 27, 68, 2 und 73, 2 hinzu. Man hat sie gewöhnlich für Darstellungen der Tobiasgeschichte gehalten; cf. dagegen Hasenclever S. 200 und 221 f. Mit der Symbolik hängen sie auf keinen Fall zusammen; deshalb bespreche ich sie hier nicht mit.

Das eucharistische Fischsymbol — das ist das Resultat dieses letzten Abschnitts — ist also in den Gemälden der Katakomben nicht zur Darstellung gekommen; vielmehr glauben wir, die vier Callistinischen Mahle und das wenig beachtete Bild in S. Priscilla als Darstellungen des Speisungswunders aufgewiesen, und sie somit dem symbolischen Kreise überhaupt entzogen zu haben. Für die Fische in S. Lucina, und das Deckenbild in S. Callisto fanden wir die Erklärung in einem auch sonst in den Katakomben nachweisbaren Verfahren der Maler, aus den grossen Fresken sich Motive für Dekorationsstücke zu entnehmen; ein solches aus Elementen des Speisungswunders hergestelltes »Stillleben« gelangt sogar in eine jüdische Katakombe. Auch in den fünf Broten und zwei Fischen zweier Grabsteine fanden wir das Speisungswunder in conventioneller Darstellung wieder. — Den übrigen Gastmahlsbildern ist der Fisch wohl meist angedichtet worden, und das ist ein neuer Hinweis darauf, dass sie nicht anders erklärt werden wollen, als die parallelen Bilder der Antike; während bei dem in S. Callisto zwei mal erscheinenden Fischer die symbolische Auffassung eine beachtenswerte Möglichkeit bleibt.

Alle Katakombenbilder aber, welche als symbolisch-mystische Kompositionen galten, sind als recht einfache historische oder dekorative Darstellungen nachgewiesen worden.